W0231099

HRSG. FRANZISKA RÖCHTER

FASSADEN
FLUCHT

POLITISCHE DICHTUNG

DER GEGENWART II

VORWORT BERNHARD WINTER

Zuletzt im chiliverlag erschienen:

Glasaugenstern – 101 Gedichte von Alex Dreppec, 2015

Strohblumenstörung – Politische Dichtung der Gegenwart I, 2015

Vorübergehend nicht erreichbar – Über Kontaktabbrüche zwischen
Kindern und Eltern, 2015

PSYCHONYMOUS I – Vergeltung, 2015

Chili Chicken – Ein Inder in Kassel, Anant Kumar, 2015

suchtraum, Sandra Stubbe, Roman, 2015

PSYCHONYMOUS II – Verzogen, 2015

Lichtläufer, Gerwine Ogbuagu, Roman, 2015

TRANS I – Psychedelia, Autobiografie, 2015

Nachtschwarz, Himmelgrau, Kurzgeschichten, Horst Leiwig, 2015

Halli Galli in Gotha, Anant Kumar, 2015

Herzschlaf, Gedichte und Kurzprosa über Trauer, Trost und Hoffnung, 2015

2. Auflage November 2015

(c) chiliverlag, Franziska Röchter, Verl

franchili / 30

Die Rechte an den einzelnen Texten sowie Abbildungen liegen beim jeweiligen
Autor.
Detaillierte bibliographische Daten sind unter http://dnb.ddb.de bei der Deutschen
Nationalbibliographie abrufbar.

Gestaltung, Layout, Lektorat: Franziska Röchter

Coverfoto: Jonny Lindner

Printed in Germany

ISBN 978-3-943292-32-9   www.chiliverlag.de

UNKRAUT JÄTEN ALLEIN MACHT NOCH KEINEN GARTEN, UND VERHINDERN IST KEINE POLITIK.

Clemens von Brentano (1778 - 1842),
deutscher Lyriker und Erzähler

oder

POLITIK IST DIE KUNST DES MÖGLICHEN.

Clemens Otto Eduard Leopold
Fürst von Bismarck (1815 - 1898),
preußisch-deutscher Staatsmann
und 1. Reichskanzler

INHALT

VERBESSERUNGSZUFLUCHT   67

11

REVOLUTION! LYRIK ALS STACHEL DER POLITIK

„Wer nur ein einziges Mal in seinem Leben Revolutionär war, der war es nie". Mit diesem Satz zielt im Jahr 1931 der Dichter Franz Werfel in seiner Rede „Realismus und Innerlichkeit" auf den, der nur so lange Interesse an einer gerechten Welt, an einer Veränderung der Verhältnisse hat, bis „seine Gruppe zur Macht gelangt, und dann klassen- oder parteimäßig unterkriecht" und ein „saturierbarer Interessent" wird. Die Revolution aber, sagt Werfel, ist ewig, „ihr großes Geheimnis bleibt, dass die Front unaufhörlich wechselt". Und fährt fort: „Wir aber, die wir das Leben verteidigen wollen, wir müssen uns sammeln, wir müssen eine Masse bilden, eine aufrührerische ... Weltfreundschaft gegen die Weltverödung".

Die Verlockungen und Annehmlichkeiten des saturierten politischen Unterkriechens sind groß: zu den Mächtigen gehören, in der ersten Reihe sitzen, einen Dienstwagen fahren, freundliche Ja-Sager um sich haben, in der Zeitung stehen, einen Orden verliehen bekommen, materielle Privilegien ... Gerechtigkeit? Solidarität? Die Änderung der Verhältnisse? Die Dinge können nun bleiben, wie sie sind – meine, unsere Schäfchen sind ja im Trockenen.

Was kann ein kleines Gedicht hier tun?
Es kann den Spiegel vorhalten.
Es kann Mut machen.
Es kann Stachel sein.
Es kann fragen, es kann benennen, es kann brüllen – ja, es kann jeden Tag neu die Parole zur Revolution ausgeben.

1773 hat das Gottfried August Bürger vorgemacht: „Wer bist du, Fürst, dass ohne Scheu zerrollen mich dein Wagenrad, zerschlagen darf dein Ross?" Heinrich Heine hat 1844 seine schlesischen Weber aufschreien lassen: „Deutschland, wir weben dein Leichentuch, wir weben hinein den dreifachen Fluch!" Bert Brecht hat es aus dem Exil im Lied von der Moldau gezeigt: „Und gehen sie einher auch wie blutige Hähne, es wechseln die Zeiten ... Das Große bleibt groß nicht, und klein nicht das Kleine."

Wie muss ein Gedicht sein, wenn es die Welt verändern will?
Kurz, laut, wahr.

Kurz: Die Dinge auf den Punkt bringen, die langatmige Rede zum Revolutions-Slogan verdichten, ins Ohr gehen – so sein, dass sich die Verse in Ohr und Herz einprägen. Als Jakob von Hoddis 1911 das Gedicht „Weltende" schrieb, haben sich Menschen auf den Straßen die einzelnen Zeilen zugerufen und gegenseitig erwidert: „Dem Bürger fliegt vom spitzen Kopf der Hut – In allen Lüften hallt es wie Geschrei ..." Ähnliches wird von einem Leonard-Cohen-Song erzählt: „First we take Manhattan – Then we take Berlin".

Laut: Das Gedicht hinausrufen, es vertonen, in die Musik der Zeit übersetzen, seine Verse bei Lesungen und auf öffentlichen Plätzen der Welt verkünden. Sie in Zeitungen, ins Radio, auf Plakate bringen. Ein politisches Gedicht kann bereits durch die Wahl seiner Worte laut oder leise sein: Schreibe, rede ich vom „Hunger" oder der „prekären Lebenssituation"? Vom Konkreten oder vom Abstrakten? Von Fleisch und Blut oder von Ideologie und Hirngespinsten?

Wahr: Wahr nicht nur für mich – wahr als brandaktuelle Botschaft, die die Vielen in der Tiefe anspricht, ihre Ängste, ihr Hoffen, ihre Lebenswirklichkeit. Eine Botschaft, zu der Menschen sagen: Ja, das kenne ich, das verstehe ich, dieses Wort, diesen Gedanken habe ich gesucht. Die Menschen aufschreckt, neugierig macht, zum ‚Etwas tun' treibt – dagegen, dafür, heiß oder kalt, in die Sozialarbeit, in die Bürgerinitiative, auf die Straße, vors Weiße Haus.

Ein Gedicht, das den Namen „Politisches Gedicht" verdient, jammert nicht einfach vor sich hin und beklagt die Verhältnisse. Es will treffen, es kann treffen, kann in seiner Zielgenauigkeit zum Hit im ungemütlichen Sinn werden. Zum Stachel, der die Mächtigen in Bewegung hält, zur Parole, die die Revolution ausruft, zum Kampf-Zeichen einer aufrührerischen Weltfreundschaft gegen eine menschenverachtende Weltverödung.

Bernhard Winter, 2015

1

SCHAU ZURÜCK!
DIE TOTEN ...

EVA MASTHOFF

Brandwunden wuchsen
auf meinen Fäusten
und in meiner Seele.
Ich kam aus dem Feuer ...

Fritz Deppert

Septembermorgen:
kristallene Klarheit blaut über „Mother Canada",
steingewordene Trauer um grablose Söhne.
Den Kopf geneigt gen Osten,
schaut allein Dein
Kalksteinkörper, blendend weiße Pietà,
dem neuen Tag entgegen.

Gesenkte Augen, blind für tausende
in Stein geschriebene Namen,
ihre Gesichter
kennt schon Dein Herz,
blind für den Sarkophag,
mit Lorbeer bekränzt,
die sanft gewellte Ebene von Douai,
getränkt mit dem Blut Deiner Söhne.

Schau zurück!
Die Granattrichter und Gräben von einst,
jetzt gräserne Wogen smaragdgrünen Meers,
Schafe wie Schaumkronen,
pastorale Idylle.

Schau zurück!
Die Toten, sie gehen nicht hinter Dir,
sie gehen nicht neben Dir.
Auf Schattenfüßen sind sie
längst in Dein Herz gezogen,
und ziehen lächelnd
durch Deine Träume, ein zärtliches Grab.

19

FRITZ DEPPERT
FEUERGEBURT

Ich kam aus dem Feuer
brennender Städte,
kam aus Schuttbergen
und über Leichen,
deren Tod ich nicht
verschuldet hatte;
weil ich noch Kind war.
Brandwunden wuchsen
auf meinen Fäusten
und in meiner Seele.
Ich kam aus dem Feuer und
lernte hierzulande leben,
als gäbe es Glück
und arglose Liebe.

Nun bete ich als Tag- und Nachtgebet
an die, die nach mir zur Welt kamen:
Haltet Ausschau nach Brandstiftern,
seht hin und nicht weg, meint nicht
leichtgläubig, die schlimmen Zeiten
wären vorbei und nur noch
anderswo möglich. Ich
kam aus dem Feuer und weiß,
wie schnell es wieder brennt.

FRITZ DEPPERT
SCHNEE VON GESTERN

Die Straßen sind zwar geräumt,
aber in Hinterhöfen bedeckt
der gebräunte Schnee von Gestern
kniehoch Parzellen im Pflaster.
Ich habe die Schneeschaufel
im Sommer arglos verräumt.
Ausreden, der Himmel sei doch blau
und Schwarzamseln besängen das Land,
beschlagen Brillengläser und lassen
meine Hände zittern wie das Gras,
das vergeblich grün über
Vergangenheiten gewachsen ist.

SIEGFRIED STÖBESAND
LEBENSLAUF

das wort unschuld
ist schon die erste belastung
einer schneeweißen illusion:
unter dem fluss
da sind die schmerzen
da ist das blut
da sind die sorgen
und taut der schnee
vereinigt sich mit unzähligen massen
anderer massen
tristig gefärbtes klarweiß
der frische bach
zu einem satten fluss
zu einem begierigen meer

im lichte betrachtet
der mond: das sonnengestöber
gepaart mit erde atmet rhythmisch
hoffnungsschimmer wird zu asche
unter druck gebildet
zu einem gekünstelten diamanten
fremde worte – verstandenes
unverständnis: geliebtes leben

eben bei ebbe gelangt ein schuh
an den strand
wird gesichtet
und geht mit der flut wieder
zurück ins schier
ewig bewegte meer

RODJA WEIGAND
IM WARTERAUM

im warteraum
haben zahlreiche
vergessen zu atmen

andere eroberten
räume und pressten
sauerstoff aus
den wänden

doch die am boden lagen
die übrig gebliebenen
vertrockneten
erbarmungslos

nur dem falter
blieb keine wahl
als davonzufliegen

PAUL VOGEL
HOLOCAUST

kristallen
splitterten die nächte
die
braunen lauscher
gepresst an türen und wände
wie vieh aus den ställen
gezerrt
die opfer
nach vorbestimmt
nächtlich
ratterten die
züge
vollgepfercht
mit gelben sternen
stiegen sie auf
mit dem rauch
zu den
brüdern

ANDREAS SPITZLEY
2012!

Sie sah im Fernsehen
die feierliche Einweihung
des Mahnmals wider das Vergessen
Schon jetzt
so kurz nach dem Krieg
gedachte man öffentlich der
ermordeten und gequälten
Sinti und Roma
Tränen stiegen ihr in die Augen

Tränen stiegen ihr in die Augen
bei dem Gedanken an die geplante
Rückführung nach Serbien
in ein Leben in Ausgrenzung
ohne medizinische Versorgung
ohne Schule für ihre Kinder
ohne Menschenwürde

Sie überlegte
ob sich jemand
ihrer erinnern würde
in dem Land das sie eine Zeit lang duldete
Und sie wartete
ob es in dieser Nacht
klingeln würde
ob man sie in dieser Nacht
abholen würde
in die Aussichtslosigkeit
weit ab
von politischen Bekenntnissen

Die Nacht trocknet
durchsichtige Tränen
auf den kalten
Gesichtern der Gräser.

Ohne Angst war der Junge.
Bestieg den Bus wie jeden Morgen.
Bloß etwas schwitzten seine Hände –
die Stange wurde davon feucht.
Was waren zuvor seine Gedanken?
Sein Paradies, oder das leere, niemandes Nichts?
Plötzlich jagte er sich in der Menge
zwischen Kindern, Verliebten, die eben noch glücklich,
in die Luft.
Einfach nur so.
Weil man es ihm sagte.
Weil man ihm ein leeres Versprechen gab
und den spröden Punkt der menschlichen Seele fand.

Du nimmst nicht mehr wahr, wo und wie viele Tote.
Ein verlorener Kinderschuh
in einer blutigen Lache.
Beim Begräbnis tropfen Tränen
über die Falten im Kindergesicht.

Herr, bring uns zurück, lass uns wieder bei dir sein.
Auf Knien bitten wir dich,
kehr zurück zu deinem Meisterwerk, dem Menschen.
Oder ersticke die Liebe,
ertränke sie für immer in Muttermilch.

Gott hört nicht.
Die weiße Narzisse verlor im Wasser sich selbst.
Mit leerem Antlitz
geht der Mensch in den Himmel ein.

* Übersetzung aus dem Slowakischen: Dr Jaroslav und Inge Stahl

MARTIN DRAGOSITS
BESTIMMUNGSPUNKTE

Als das Wünschen noch
nach dem Ende der Geschichte fragte
wenige Jahre
bevor der freie Markt
seine Blasen auszuwerfen begann
ein Comic-Strip
auf dem den Reichen
das Lachen gehört
urheberrechtlich geschützt
bis siebzig Jahre nach ihrem Tod

Zu jener Zeit also
in der ein Begehren
wie Hoffnung
zumindest noch Anspruch
auf politische Zinsen versprach
mit dem festen Willen
ohne Not
kein zusätzliches Geld zu drucken
das in der Brieftasche
still an Wert verliert

Als das Böse
Differenzen
in Gut-und-Böse-Gleichungen
kumulierte
auf Leibchentausch wartete
seine Eintrittswahrscheinlichkeit
Verhaltensannahmen
und Fortschrittsmessungen
regelmäßig
ad absurdum führte

Bevor Experten
Wahrsagekarten aus der Tasche nahmen
stirnrunzelnd
Einserbänke aufdeckten
mit verlegtem Lächeln
Rechnungen schrieben
steigende Zahnseidepreise
vereinbaren wollten
stabile Krawatten
als oberstes Prinzip

ELISABETH DRAB
JAMMERSÄNGER

Hört auf, jeden Tag bis ins Mark mir zu klingen
von Bildungsverwahrlosung, Inkompetenzen.
Ich mag nicht von Kosten- und Nutzen singen,
von Rüstung, Konsum und Verantwortungsgrenzen,

von Selbsthinterziehern, die Steuern anzeigen,
von Kinderfeinden und von Hartz IV,
von Fiskusbetrügern und Bürgerpflichtfeigen,
Geburtenrückgang, Selbstsucht und Bier,

von Bundesministern mit hohen Spesen,
von Missbrauch, von Krieg und von Einsamkeit,
von ökologischen Windmantelthesen,
von Hass und sozialer Unfähigkeit.

Verzweifelt such´ ich den passenden Ton.
Nun schlaft, ihr Lieder! Ich träume schon!

FRANK FINDEISS
MITTERNACHT IM ABENDLAND

Im naiven Trott des Alltags
Schlummert der kommende Abyss
Grauenhafte Entdeckungen
Durchsetzen die Wirklichkeit
Kursierende Abwehrmechanismen
Blenden Grotesken aus
Doch vor den Toren des Phlegmas
Macht Gewissheit keinen Halt
Der heiße Brei ist bald gefroren
Die Löcher im Bauch sind genäht
Aber Wissen stillt nicht den Hunger
Pure Willkür trachtet nach Sieg
Unendlich offenbart sich ein Scheitern
Der Glaube macht sich was vor
Liebe hat sich verwandelt in blanken Hass
Und die Hoffnung gibt endgültig auf

I USED TO HAVE A STEHPLATZ

sagte der als heinz alfred geborene
ehemalige nationale sicherheitsberater
ehemalige außenminister
und fan der spvgg greuther fürth
und kein journalist kam auf die idee
dem hochdekorierten
der den friedensnobelpreis
für die beendigung eines krieges erhielt
zu dessen eskalation er zuvor
selbst beigetragen hatte
die naheliegende frage zu stellen
ob er im estadio nacional von santiago de chile
auch einen stehplatz hatte
oder sitzend zusah
vielleicht sogar in der vip-lounge
als general pinochet
faschistischer putschist von amerikas gnaden
in diesem stadion
tausende politische oppositionelle
zusammentreiben, foltern und abschlachten ließ

KATHARINA DÜWEL
MEINE GROSSMUTTER

„Höll Hitler" oder „Litler" hat sie gesagt.
Das fiel nicht auf.
Gebetet hat sie um das Spuk-Ende
und für den gefallenen Sohn.
Gegen die Kälte hatte sie Worte
und altes Schuppenholz,
ihr Eingemachtes
brachte Verwandte
durch Hunger und Not.

Deutsch zu lehren –
dieser Wunsch blieb ihr Traum.
Sie herrschte, vereinnahmte, verwöhnte
wickelte Wunderknäule
redete gern, mochte Gedichte, kochte gut
und laut war sie auch.

Doch niemand hat
ihr Menorah-Versteck geahnt,
die Synagoge war zerstört.
Im Frieden gab sie den Leuchter zurück.
An wen.

Hinter einer Glasscheibe wacht ein bunter Holzengel ohne
Flügel. / Vergessene Puppen, in ganz Europa gefertigt, war-
ten noch immer. / Stumme Zeugen ermordeter Kindheit seh-
nen sich nach munteren Mädchen, / bauen in Gedanken ein
Puzzle, hegen einen Erinnerungsgarten, / pflücken Tausend-
schönchen, blasen in Pusteblumen.

Auf's Neue durchstöbern sie wilde Schlupfwinkel, lustige
Streiche, / dumme Eseleien möchten sie so wiederholen,
fröhliche Abenteuer zurufen. / Hoch in den Bäumen der
Fantasie angeschnallt, fliegen in das Fabelland, / Kinderver-
se sagen.

Grüne Blätter tanzen in Windesarmen, der Quendel duftet. /
Die weiße Gans, der Gänserich, auch die Gänschen schrei-
ten im Gänsemarsch. / Aus einem Versteck springen Schaf-
spilze, Ziegenbärte, Bärentatzen, Hahnenkämme, / die Hut-
pilze formen rätselhafte Hexenringe. Halben Meter lange
Parasolpilze / dehnen ihre braunbeschuppten Schirme, laden
summende Gäste ein. / Winzige Siebenpunkt Marienkäfer
bekleben Apfelrosenzweige. / Ringsum strahlte das Glück.
Die Spielgefährtinnen harren, / träumen, die Kleinen finden
vielleicht den Weg zurück. / Lauschen dem kindlichen La-
chen. Staunen über Regenbögen / mit Wachsstiften gemalt,
die unbeendet liegen.

Heimlich huschte ein wirres Märchen, / Bilder laufen vorü-
ber, hilflos, seit Jahren erzählen sie still in epischer Breite: /
„Es war einmal ein Leben vor der Endlösung". / Gezwun-
gen unter Aufsicht, miteinander, unsicher, Arm in Arm zum

Güterzug gehen. / Im Viehwaggon, von außen verriegelt, zusammengepfercht Richtung Auschwitz fahren. / Entlang der Bahngleise steigen sie aus, betreten die verbrecherische Welt. / Böse Wachhunde kläffen, uniformierte Schergen brüllen laut, / halten die Waffen einsatzbereit. Der rosige Kinderhimmel schwindet dahin. / Ein Zeigefinger entscheidet – nicht brauchbar. Vergeblich hängen die Kinder an der Mutter. / Den Wörtern fehlen Worte, die menschliche Tragödie zu beschreiben.

Brave Kinder wurden vergast, die Mörderhand lässt Zyklon B wirken. / Erstickte Körper wurden in den Ofen geworfen, das Feuer brannte Tag und Nacht. / Sonnige Schmetterlinge flattern durch den Schornstein, / suchen gezielt blühende Nekropole am Sternenzelt. / Das blaue Vergissmeinnicht grüßt. / Beim Mondlicht auf dem Wolkenschiff sieht man ihre Schatten. / Sie segeln angstfrei und geborgen heim. / Die Äolsharfen spielen Nocturne, die Nachtvögel singen Wiegenlieder. / Leise Töne schaukeln, bringen zum Schlafen.

JANUSZ KORCZAK

Chaimek, Ryfka, Srula, Antek laufen durch die dunklen Warschauer Gassen, spielen Fangen.
Die schäbige Straße verweigert ihnen die Bleibe.
Einsam, verlassen finden sie im Regenbogenwinkel das leuchtende Zuhause.
Herzlich aufgenommen, fühlen sich daheim.
Der Beschützer öffnet das Märchenbuch.
Mit Kindesaugen beschaut er die Welt, schenkt den Kleinen das glückliche Lachen.
Das Weisenheim ist von eigener Kraft und Liebe getragen.

Besonnene Mätze, kluge Hänschen regieren, die Kronen aus Tugenden gegossen sitzen stolz auf den Häuptern. Mutige Könige dürfen sich auch irren, die menschliche Würde bewahren.

Ihre Gedanken, voller Sehnsucht nach der Weite, klettern über die Horizonte zu den Sternen.

Die Fantasie beflügelt.

Heitere Kinderfreude singt, die Sommerferien kommen.

Flinke Beinchen watscheln inmitten hoher Grashalme, der Gießbach trödelt, Kikirikis krähen, Heupferdchen zirpen, im Tümpel quaken die Frösche.

Die Knäpper setzen einen Fuß von den anderen, stellen den roten, langen Schnabel zur Schau, die Bläulinge taumeln.

Lustige Wichte turnen, angehakt an Zweigen, wippen geschickt, üben Luftsprünge, Trolle rennen, Gnome schreiten auf Stelzen, Kobolde springen Seil, beim Dorfschmied treten die Zwerge den Blasebalg.

„Sesam öffne dich" legt einen Weg zurück, Ali Baba und die 40 Räuber bummeln herum.

Verspielte Kinder malen Bilder, pinseln, tuschen, schlagen Zelte auf, schnitzen Zeltheringe.

Hocken um ein Lagerfeuer, trällern fröhlich, fabulieren anmutend.

Letzte Strahlen der Abendsonne färben den Wald rot, verweilen beim Rundtanz des Mondes, zählen die Takte der Musik.

Poetische Gerechtigkeit fließt, bis der barbarische Krieg anmarschiert, die Kinderträume bestraft, das Wunderland zerstört. Tschilpendes Schallen verstumpft.

Nazi-Handlanger stehen am Ruder, verfolgte Juden vogelfrei im Warschauer Getto, eingesperrt, gefangen.

Die Ausgänge bewaffnet.

Die baumlose Höllenlandschaft schreckt, es herrscht Leid und Not, es fehlt das Brot.

Elende Gestalten gehen umher, an der weißen Armbinde der blaue Davidstern, die Tragik ins Gesicht geschrieben. Traurige, ausgehungerte Kinder zeichnete das Getto-Mädchen Theofila Langnas.

Die Mappe überlebte.

Ein Wahnsinnsakt graust öffentlich, die Ausrottung unschuldiger Menschen begann nach Plan.

Die Nutzlosen ohne Lebensnummern formen zuerst die schweigsamen Marschkolonnen.

Tapfere Weisen tippeln artig zum Umschlagplatz, vorne geht freiwillig der selbstlose Doktor, der große Bruder mit Kleinsten auf dem Arm.

Eine Reise ins Grüne unternehmen, der kleine Prinz schwingt die Fahne der Hoffnung.

Das vierblättrige Kleeblatt glänzt in der Sonne.

In den Viehwaggon getrieben, die Türen zugeschlagen, die Räder tuckern, die Dampflokomotive pfeift.

Der Bahnhof Treblinka rückt an, angedrehte Bremsen quietschen.

Zwischen zwei Signalmasten, dicht im Wald, stoppt der Transport.

Ganz nah steht das Backsteingebäude.

Drinnen arbeiten drei Gaskammern, Dieselmotoren produzieren Giftgas, Kohlenmonoxid.

Todbringende Hände füllen die Pfade, um menschliches Dasein zu entlösen, schnell zu beseitigen.

Das Drama nimmt kein Ende.

Grüne Blättergeigen streichen Chopins „Balladen", sanfte Klänge wiegen in den Schlaf. Irgendwo bläst ein kleiner Ziegenhirt Schalmei, ewiges Chanukka Licht brennt.

Die Elegie klagt: „Warum hat der Mensch das getan?"

Als das Mauerwerk verschwand.
Denn die Trauer warf sie nieder.
Denn die Bomber kamen wieder.
Denn die Betten warn verbrannt.
Fortgespült von Angriffswellen,
wo die Trommelfeuer brennen,
ganze Staaten sich entstellen,
auf der Amoklaufbahn rennen,
sich in Schutt und Asche legen,
überleben, nicht entstellt,
still und ohne sich zu regen,
war die Hoffnung dieser Welt.
Sie lagen in Granatentrichtern,
zwei Zoll entfernt vom Totenreich
mit versteinerten Gesichtern,
machten sich dem Boden gleich.
Sie legten sich in Trümmer
an jedem Tag, an jedem Ort.
Sie legten sich in Trümmer,
denn die Städte waren fort.

ELSER

Ein Geräusch – er schreckt auf.
Nur eine Maus oder eine Ratte.
Nachts in der Besenkammer
eingeschlossen wartet er.
Dann kratzt er mit bloßen Händen
an der Macht, schabt eine Säule aus
auf wundgescheuerten Knien,
Platz zu schaffen für die Bombe,
die den Krieg verhindern soll.
Er weiß, die Ratten rüsten.
Er weiß, sie wollen töten.
Dreißig Nächte schaben,
dreißig Mal Schutt in die Isar.
Eine Explosion zu spät.
Millionen Explosionen folgen.

BRITTA LÜBBERS
JÜDISCHER FRIEDHOF, BERLIN

Lichtfern der Morgen
Kein Mann ist gekommen
Der Korb mit den Kippot
Unangetastet, keine Frau
Nur wir gehen hier unter
Dem Berliner Betonhimmel
Die Grabreihen kreuz
Und quer, so viele Male
In den Boden gesunken
Ein schwarzer Wald
Von Stein

Als Liebermann
Den sie so mochten
Gestorben war, legte man
Ihn wie einen Fremden
In die Erde. Hat jemand
Geweint? Käthe Kollwitz
Vielleicht, die Aufrechte
Schnee im Haar. Jetzt
Ist Dezember, der Nebel
Schüttelt sein feuchtes Fell
Aus den Zweigen tropft es
In Moll. Ein flüchtiges
Kaddisch im Winter

BRITTA LÜBBERS
CYBERCOPS, NSA

Die Wächter der Worte
In ihren engen Boxen
Lauschen dem Grundrauschen
Der Welt. Buchstaben im Blick
Barbiturate im Blut, nullkommafünf
Millimeter Glas ist der Firniss
Zwischen der leise surrenden Luft
Die sie atmen und den Botschaften
Aus dem Orbit, *hört nur*

Tu es bien?
Gestern lecker Pizza
Sekunde für Sekunde
Feuert die Elektrodenpistole
Millionen Impulse aus den Tiefen
Der Schwatzhaftigkeit
In ihre heißen Ohren
Die brennenden Augen
Fuck you

Es summt und summt
In ihren Köpfen, auch nachts
Unter den neugierigen Satelliten
Cybercops schlafen nicht gut
Drehen den Wecker zur Wand
Das digitale Leuchten drängt sich
Hinter ihre Lider, zum Verrücktwerden
Dieses Flimmern in der Finsternis
Sie können die Zeichen nicht deuten

INGO CESARO
EIN WEICHES HERZ

bevor die SS
die kleinen weinenden
und schreienden Kinder
in der ausgehobenen Grube
mit Erde zuschütteten
und lebendig begruben
warf ihnen
ein junger SS-Mann
lachend
eine Handvoll Bonbons
in die Grube
hinunter

und wir
und wir sollen
zur Tagesordnung
übergehen.

INGO CESARO
PREIS FÜR EIN LEBEN

für den Vater
den Bruder
den Sohn
umgekommen in Afghanistan
in einem sinnlosen Krieg
bietet die Bundesrepublik
den Familien
als Gegenwert
dreitausend Euro mehr oder weniger
als Sarggeld
für ihr reines Gewissen an

ein zu hoher Preis
meinen Kritiker
und wir
wir schämen uns
der dreitausend Euro wegen
und nicht nur
für die Kritiker.

MIRKO SWATOCH
SIE WAR IM KRIEG
ZUM TOD VON ANJA NIEDRINGHAUS
AM 04.04.2014

Sie war im Krieg, den Krieg uns zu erklären,
mit Kamera und Teleobjektiv,
mit Bildern, die sie in den Alltag rief,
uns mit der Not der Menschen zu beschweren.

Es sind die Bilder, die wir nicht begehren,
aus Kabul und auch Masar-e Scharif,
wenn Kugeln, Splitter trafen, Blut verlief,
die Kriege Land und Menschen so verheeren.

Wir sehen keine Sieger oder Helden;
sie zeigt auch Menschen in dem Kriegsgebiet,
die kämpfen, ohne blutig zu vergelten.

Dass nun ein Polizist den Hass verriet
und sie erschoss, entfernt uns wieder Welten
von ihrer Hoffnung auf ein Friedenslied.

KATHRIN NIEMELA
SPÄHAFFÄRE

Es war einmal.
Als der Krieg kalt war und
die Leitungen heiß.
Als Telefone noch Hörer hatten und
Drähte und Kabel.
Als die Fronten klar waren und
der Freund dein Freund und
der Feind dein Feind.
Es war einmal.

Klarheit war gestern.
Heute weißt du nicht mehr,
wer Freund ist,
wer Feind.
Kannst keinem vertrauen.
Kannst aber sicher sein:
Einer hört mit.
Einer späht mit.
Du hast eine kabellose Affäre
mit vielen Unbekannten.
Stop watching us!

KATHRIN NIEMELA
KONTRASTE

Lèche-vitrine auf den Champs-Elysées,
ein Clochard pisst neben Louis Vuitton
und scheißt auf den Luxus der Herden,
und wir gehen vorbei,
leben vorbei,
aneinander vorbei,
nebeneinander her,
voneinander weg,
gegeneinander.

Iced Cappuccino bei Starbucks,
der Clochard wäscht sich heimlich auf
dem Marmorklo und trippelt davon,
und wir stehen daneben,
seh'n in den Spiegel
richten das Haar
und die Krawatten
und dann den Blick auf die
Taschen, nichts fehlt.

Apéro an der Place des Vosges,
ein Clochard bleibt stehen und
reicht uns die Hand,
und wir überlegen,
wie uns entziehen
wie dem entfliehen,
dem Dreck der Straße,
dem Druck des Gewissens
und zögern zu lang.

Wir hocken in fetten Sesseln mit
fetten Menschen und fetten Hunden,
nichts kann uns rühren,
weil wir nichts spüren,
nichts hören,
nichts sehen,
nichts wagen;
und dabei noch
jammern und klagen.

Es stimmt, hier ist kein Platz
für die Suche nach Atlantis.
Die Moderatorin legt Wegmarken
aus: von rechts nach links, erst du,
dann du und: bitte keine Utopien.
Lächeln in Kamera fünf
Worte tänzeln im Raum.
Manchmal verspüre ich so etwas
wie Sehnsucht, sagt der Minister
in die erschrockene Runde.

KARIN LICHTENBERGER-EBERLING
INNEHALTEN

Bewegungslos
den Windhauch spüren

Erstarren starren aufs Gras
die Halme zittern

Kein Schritt weiter
Wurzeln schlagen
oder
die Tretmine
ex

Das Gedicht „Innehalten" ist in dem Band der Gesellschaft für zeitgenössische Lyrik e.V., Poesiealbum *neu*, „Gegen den Krieg. Gedichte & Appelle", erschienen und auf der CD „Schwarze Ängste, Neue Gedichte gegen den Krieg" zu hören (beide 2013 in Leipzig veröffentlicht, Hg. Ralph Grüneberger, Gesellschaft für zeitgenössische Lyrik e.V.)

49

MICHEL ACKERMANN
ÜBER DEN FLUSS GESETZT

zwischen greifarmen unentbehrter ferne
die weise lust. in übergänge in

dunklen stein, nein, versteinerte kohle: gagat
genannt, geschlagen.

glatt-geschmeidig, hart in der hand.
klarheit, die in sprache nicht

west, gibt es in der form. und doch
bebildern wir all-bebildertes entlang des schreckens,

bis löcher in die leere schießen. schreie,
in den gegensinn, sprachlos wie namen von unbekannten.

nase, mund, gesicht. mehr nicht.

SOLLBRUCHSTELLE 1

Das ist auch nur eine Frage
der Haltung ob man sich hinlegt
oder ob es einen umgehauen hat

Die Anlässe sind stets die gleichen
und stehen in großen bunten Lettern
überflüssigerweise in der Gegend rum

Und ob das alles Orte oder Nichtorte
sind ist Ansichtssache und wird
in den Feuilletons verhandelt

Aber was geht uns das an
Das Kotzen das man davon kriegt
bleibt das Gleiche egal wie die

selbsternannten Hüter der öffentlichen
Meinung entscheiden und welche
Pfeife wie und welchen Senf

zur Frage des Grunds für die Ursache
dazugegeben hat. Das Problem
ist die Leere des Inhalts des Themas

und der Hirnzisternen schon
erwähnter Halbweisen und dass die
absehbaren Folgen kaum mehr

abzusehen sind weil die Dummheit
sich nicht potenzieren lässt dachte ich
und schlug – eines Besseren belehrt –

die Zeitung zu. Und auch das ist nur
eine Frage des Vertrauens: Ob man die
Kopfübelkeit ernst nimmt oder nicht

VINZENZ FENGLER
SOLLBRUCHSTELLE 2

Diese ständigen Ortswechsel
von innen nach außen
sind auch keine Lösung
in diesem Zustand der Fassungslosigkeit

Der omnipräsente Halb- und
Schwachsinn reist mit ohne Fahrkarte
und frisst sich als Made in den
letzten Kopfspeck den man noch hat

Da hilft auch kein innerer Zensor
und den Gedanken Geheimratsecken
verpassen bis man goethelnd
zu altem Versmaß gelangt

Auch das hatten wir schon und
auch das ist wieder in zweifelhafter
Mode: dass einem die Dichthaltung
zum gestreckten Arm ausrutscht

Geschichte auch das noch lange
nicht und nicht zu verleugnen
durch Weg- oder Entzug
wohin oder wie auch immer

Dieses Land ist genauso verblödet
wie es weiß ist und die besudelten
Westen friedenspfeifend unter
nadelstreifengebatikten Kleidern verbirgt

Und die verhaltensauffälligen Spatzen
der Stadt sind da nicht das kleinere
Übel wenn sie feige über einen
entflogenen Kanarienvogel herfallen

Und da werden wir/wird keiner
über diese vielleicht zu weit
hergeholte urbane Fauna-Metapher
lachen müssen/gehabt haben wollen/sollen

Aber alle lachten und niemand
hatte ansatzweise etwas verstanden
im inneren Rückzugsgebiet. Und
außen herrschte betretenes Schweigen

Was macht man also mit seinem
fassungslosen Staunen wenn
einen die Ortswechsel ohne Schirm
in der Traufe stehen lassen

HOLGER KÜLS
WORÜBER KEINER MEHR SPRICHT

es sind zehn nullen
nach der dreizehn
und das sei noch nicht genug

es sind die bilder
von brennenden barrikaden
und die hektischen appelle

jeden abend zu sehen
schnelle schnitte
dazwischen auch antike

hier begann europa
die demokratie
wiege des abendlands

und jetzt bankrott
es sind zahlen und dinge
die wir nicht verstehn

und wegen der sich
der kleine ladenbesitzer
in kypseli erhängte

CHRISTIAN ENGELKEN
REQUIEM

Die Welt verjuxt, verjubelt,
und wird durch nichts zurückgedoubelt.

Ins kalte All vergeigt,
wo alle Schönheit ewig schweigt.

Der Bach fliegt durch die Fernen:
Was nützt den Sternen

der Scheibe Sarginhalt?
Sie sind so kalt

wie unsre toten Seelen waren
in dieser Handvoll Jahren ...

Doch konnt' es anders sein?
Wir glauben: nein.

Naturgesetz erfüllt sich.
Der Affe killt sich.

Erfahrung, letzte, schreckensweit:
Der *Menschheit* Sterblichkeit! –

SIEGFRIED STÖBESAND
ROSENSCHENKWARNUNG: AN ALLE
MUTTERVALENTINSGEBURTSTAGS-
JUBILÄUMSSCHENKER

stacheln stechen dich blutig
knick sie ab oder schabe mit einem scharfen messer
den stiel entlang
dornenlos sind sie eh
gemacht mutiert machtlos
lieblos fungieren sie als geschenk
duftlos vermitteln sie langeweile
fehlerlos ist nur der schein

vergiss die rosengedichte vergiss die rosensymbole
vergiss die rosenlieder
atme nicht in rosennähe trink kein rosenwasser
iss keine rosenmarmelade
du liebst leblose metaphern und malst sie dir
in rosigen farben

führe wieder rosenkriege

verschone die chemiekonzerne mit romantischen
rosentexten – greif an
frühzeitig sterben die frauen und männer in rosenfarmen
in afrika, asien, südamerika ist der mensch
nicht auf rosen gebettet

ÜberempfindlichBesitzergreifendReizbarNachtragendPassivTodkrank

rosenleben ist rosenware und billige rosenwaren sind zu teu-
er für rosenversicherungen, für rosengiftunfallverhütungs-

56

utensilien, für rosengiftgasfilteratmungsmasken, für schutz
vor diesem gottverdammten rosenleben

rosebud sei das letzte wort

in särgen auf rosen gebettet mit rosen bestecket
von rosen bedecket in särgen
rosenheim rosenort rosenwiege –
in den grüften: da liegt man doch eng

da sind die aussichten nicht rosig sieht die zukunft
nicht rosig aus

timeo danaos et dona ferentes –
beware of roses bearing gifts –
liebe lieber natürliche natur und lass die rosen leben

(ökotest hat getestet:
**Freude gibt es da aber nicht: Bis zu 20 unterschiedliche Pestizide –
Spritzgifte – pro Strauß wurden ermittelt, darunter auch solche Gifte,
die von der Weltgesundheitsorganisation WHO als ‚hoch gefährlich'
eingestuft werden)**

Nukleare Störfälle –
zwingen den Frühling zu überwintern.
Träufeln überlebenslänglich
unterschwellige Beklemmnis
auf die Häupter
der in Ausrottung Begriffenen
– Zivilisation.

FLIEG, VÖGLEIN, FLIEG

Flieg, Vöglein, flieg,
hier unten herrscht Krieg,
doch ist auch nicht beschieden
im Himmel dir Frieden.
Flugzeuge durchschwirren die klare Luft,
verbreiten mit Giftgas todbringenden Duft.
Sicher bist, Vöglein, in den Wolken du nicht,
Rauchsäulen rauben das letzte Licht,
ohrenbetäubender Donnerknall
vom unaufhörlichen Bombenfall.
Flieg, Vöglein, flieg,
hier zu Lande herrscht Krieg.
Fliege schleunigst hinfort,
an einen besseren Ort.
Und findest du diesen nicht auf Erden,
dann muss er in deinen Träumen werden.

DER TOD DER SCHMETTERLINGE

die landschaft glüht
gold und tausend farben blau
die augen des wassers
verzweigt vernetzt
überbleibsel gleich den sanften hügeln

an ihren rändern taumeln falter
sitzen an gräsern verschnaufen
erblindet ertaubt
bewegen die flügel
und fallen
seen spiegeln den himmel
am horizont rauscht der wind durch den mais
retten falter sich an die augen der eiszeit
ans todbringende wasser

schlimm.
schon schlimm.
wirklich schlimm.

zwei mädchen. hand in hand. sich aneinander festhaltend.
die eine hellblauer mickey mouse pullover. die andere rosa
kleid mit glitzerherzen. beide seitenzöpfe. ihre gesichter so
klein. vom straßenstaub matt. und in ihren aufgerissenen
kinderaugen: keine kindheit mehr. neben ihnen. hinter ih-
nen. andere kinder. und frauen. und männer. sie alle: flucht.
und am fotorand: soldaten.

schlimm.
schon schlimm.
wirklich schlimm.

hunderttausende. nach schätzung der vereinten nationen.
sagt die reporterin. hinter ihr: weiße zeltdachreihen endlos.
ein paar jungen um sie herum. in die kamera winkend. einer
auf krücken. einer mit plastikflasche in der hand. humanitä-
re katastrophe. unvorstellbares grauen. leid. diese menschen
erlebt. so die reporterin weiter. die weltgemeinschaft aufge-
rufen. muss handeln. ansonsten.

schlimm.
schon schlimm.
wirklich schlimm.

einschläge. granaten. ganz nah. schreie. rennen. schnell.
weg. raus. verwackelte handybilder. keuchen. angst. angst.
schneller. komm. auf die straße. hinunter. häuserskelettte ra-

gen. ausgebrannte autos. alles schutt und asche und sterben.
lauf. lauf. und: schwarz. nächstes bild: ein vater seinen sohn
auf den schoß gezogen umarmend: blut. und grau. gehirn.
schädel halb weggerissen. klaffend. (bild wird verpixelt).

schlimm.
schon schlimm.
wirklich schlimm.
wir sind betroffen. sehr. sind wir.

FRANK STÜCKEMANN
MISSIONARISCHER GEMEINDEAUFBAU

(Alpha-Kurs)

Die Masse macht die Ohnmacht offenbar:
Schwachköpfe müssen sich zusammenrotten,
Um vor Erkenntnissen sich abzuschotten;
Ihr Glaube steht in äußerster Gefahr,

Wo der Verstand nicht ganz umnebelt war ...
In engsten Zirkeln pflegen die Bigotten
Steril hinter einander herzutrotten
Im Bibel-, Babbel-, Bubbelkreis. Fürwahr,

Starrsinnig bleibt Salbadern und das Beten
Geistiger Inzucht nur auf sich beschränkt,
Und jeder ist ein Schelm, der dabei denkt.

Nachtreten muß man, sonst wird nachgetreten,
Denn blinder Glaube hat den besten Markt
Bei Selbstenthirnung und beim Denkinfarkt.

SVEN KLÖPPING
DEZENTRALISATIONSBLUES

Da war doch mal ein Gemüseladen.
Und ein Jeansshop.
Wo ist eigentlich der Supermarkt?
Kaufhof hat ja auch dichtgemacht.
Da waren viel, viel mehr normale Menschen.
Mehr Autos.
Bezahlbare Wohnungen.
Und weniger Sicherheitskräfte!
Oder Zäune.
Die Mautstellen nicht zu vergessen.
Na, egal Liebling, Zeiten ändern sich.
Raus aus dem Zug.
Rein in den Stadtwald.
Ins Zelt.
Goodnight, my dear.
Hoffentlich wird's nicht zu kalt ...

63

Aber ein neues Thema
beendet das alte nicht

Und wir Jüngeren haben
nach Nach-Auschwitz
weiter Gedichte geschrieben
haben Sätze gesetzt gegen
die Beliebigkeit der Sprache
die flachtrötend tötet
multimedial aufgerüstet
aus frisierten Volksempfängern
heraus als Einlullprogramm
für den tickenden Mob

Und da hilft auch kein
hochamtlicher Gedenkklamauk
und den Kindern die Toten
vorzählen wenn im
Obersalzstübchen des
Bürgerliche-Mitte-Schädels
weiter die Dummheit wuchert

Und da hilft auch kein
Draufhauen wenns da und dort
ausbricht wie Pestbeulen und
der ganze Fisch schon stinkt

Da muss man schon über
grundlegendere Hygienemaßnahmen
nachdenken und sich erinnern

Und da hilft auch kein
Gedicht mehr wahrscheinlich
Aber was soll man denn machen
Mit etwas muss man ja fortfahren
um anfangen zu können

Danke Ihr könnt euch jetzt
rührn und wegtreten

CHRISTIAN SCHWETZ
HEIMATLISTE

Heimat ist

- ein Packerl Mannerschnitten im Rucksack
- eine frische Semmel mit Butter und Erdbeermarmelade
- einen Gott grüßen lassen,
    ohne an Religion zu denken
- eine blöde Freude,
    wenn jemand
        – Vienna und Salzburg
        – Mozart und Falco
        – Sissi und Maria-Theresia
        – Krankl und Lauda
        – Jandl und Jelinek
    kennt
- ein Wort in vielen Sprachen sprechen:
        – Autriche
        – Oostenrijk
        – Audili
        – Austria / Австрия / Austria / Ausztria /
                                                Austria
- einen guten Abend die Madeln
- und Servas die Buam
- und „home is in my shoes" von Novi Sad

2

VER-
BESSERUNGS-
ZUFLUCHT

MANFRED PRICHA

was weiß ist ist wahr
digital news neu ist nichts
klopfzeichen zugleich
unhörbar laut blog

Holger Küls

MANFRED PRICHA
VERBESSERUNGSZUFLUCHT

verbesserungszuflucht
die grenze ist eine hürde
wie die sprache zu überwinden
als verbesserter nur erträglich
für die hiesige wirtschaft

der flüchtling der angst
fordert maßgaben heraus
geberländer kriegen nie
genug von den mehr werten

aus der wahl von fremden
die ihre hoffnungsgrenze
in ableistung ummünzen
auf dem erschwerten weg

die zuflucht der glücklichen
einer harten prüfung ausgesetzt
muss noch umschwommen werden
wenn sie nicht im meer endet

schattenbanken scheuen das rampenlicht
außer kontrolle entwickelt jeglicher regulierung
im rattensumpf legalisierter betrügereien
faule kredite zu gutem geld zu machen

eine wäsche im risiko des schleudergangs
aus blutrot mach schwarz und weiße westen
zahlen sie die schuld den anderen heim
spekulation wie eh und jemineh in der krise

die ausdehnung floatiert zum flotten dreier
wie affen die nichts sehen hören und sagen
staatlich abgenickt und profitabel verwurstet
die zeche schlingt sich um den steuerzahler

presst das system den letzten tropfen zitrone
sauer aufgestoßen die roßkur der totengräber
munter weiter gefeiert auf den leichenbergen
im überflüssigen universum des billigen geldes

wenn von einer eisbombe die rede ist
in deiner e-mail an tante emma
kann morgen der staatsschutz klingeln
geschult im modernen semantic web

gekauft im netten feinkostladen
unterirdisch zur treppe im hauptbahnhof
hier wird eins und eins zusammengezählt
und ein paar worte intelligent verknüpft

im kontext der hysterie ausgewertet
und eine kleine hausdurchsuchung ist fällig
das notebook in beschlag genommen
die sahne zerfallen das eis geschmolzen

sei vorsichtig wenn du artikel schreibst
dein großvater hätte juden vor der gestapo
versteckt in einem keller oder bunker
der in der nachkriegszeit gesprengt wurde

MANFRED PRICHA
LEBEN FÜHRT UNWEIGERLICH
IN DEN TOD

das land stirbt gnadenlos aus
der facharbeitermangel unüberwindlich
wird die arbeitskraft unbezahlbar
die achtzigstundenwoche eingeführt
jeder schminkt sich den urlaub ab
nur die überstunde feiert sich kostenlos
schneller höher weiter werden wir
ein land der gelobten olympioniken
müssen wir hundertjährige zum muckefuck
noch im winter zeitung austragen
samstag und sonntag ohne party
drehen wir in der schule keine ehrenrunde
die praktikanten sind alle aufgestockt
und altkluge seniorenstudenten
dozieren über den frischfleiß nachts
im traum geben wir der leistung impulse
stromstöße aus den gedanken amputierter
die ihre prothesen im second life beziehen
für das logistikzentrum der zukunft
beglückwünschen wir uns in der drehtür

MANFRED PRICHA
QUELLENBESTEUERUNG

wo es mehr firmen
als einwohner gibt
riecht es nach paradies
briefkästen und schlupflöcher
eine quelle für steuern
sie dort zu vermeiden
wo das einkommen entstanden
oasen in einer wüste
des gesetzlichen steuerelends
armer staaten fiskus
deren politische klasse
von den steuersparern diktiert
nichtbesteuerung ehrenhalber
honoratioren mit honorationen
in kleiner stückelung
der einnahmenlücke
wie schön könnte die welt sein
an den quellen der oasen
dort wo der reichtum entsteht
armut in die wüste geschickt

Weil die Tage im Kapitalismus verbrennen und kein Wasser die Flammen löscht. Weil sein Licht überall ist und auf den Körper geklebt jeden Zentimeter des Lebens erniedrigt. Weil den Nächten die Worte fehlen und der Schlaf der Vorbote der Arbeit ist. Weil das Klingeln des Weckers den Morgen erbricht, und weil die sinnloseste Fortsetzung der Übelkeit die Betriebe sind. Weil die Jahre zur Arbeitszeit verkommen. Weil die Hoffnung den Kredit abzahlen muss.

Weil die Mittage von den Chefetagen herunterfallen wie Steine. Weil die Steine nicht zurückfliegen dürfen. Weil Betroffene kein Rückgaberecht besitzen. Weil die Entscheidungen von oben kommen. Weil es Gewinner und Verlierer gibt. Weil das alles so bleiben soll. Weil die Geschichte mit dem Zeigefinger nach unten zeigt. Und irgendwer die Angst vor der Freiheit erfand.

Weil die Sonne auf dem Dienstweg daher kommt und die Nachmittage Verzichtserklärungen gleichen. Weil der Staat das Ende aller Revolutionen festschreibt. Weil das Leben eine Landschaft ist für die Dienstwagen der Regierungen. Und Wahlen nur Rastplätze sind, auf denen Parteien Stimmungen Gassi führen. Weil die Medien den Alltag an der Leine halten. Weil die Zukunft eine Veranstaltung von Parteizentralen ist. Während die Konzerne Rastplätze bauen und Verzichtserklärungen verteilen.

Weil uns die Arbeit ermüdet. Und kein Atem bleibt für die Frage nach Freiheit. Weil die Abende kurz sind und jeder Tag uns ins Feuer stößt. Weil sich das alles ändern kann. Weil Hierarchien keine Ideen sind und Macht keine Antwort. Weil Rastplätze kein Ersatz für Landschaften sind. Weil in Zukunft jede und jeder mitreden soll. Weil der Tag allen Menschen gleichermaßen gehört. Weil wir Fragen in die eigenen Hände nehmen können. Weil wir neue Sätze schaffen. Weil wir keine Verzichtserklärung unterschreiben.

TIME OVER*

„Ich will alles!" (Parole Realmarkt)

Wie ein Kino sind die Nächte, darin die Stadt Stummfilme zeigt von unterbrochenen Ideen & Kaufhäusern, die der Tag verlassen hat. Im Lichtkegel der Außenlampen spielen sich Kaufhausfassaden und Parkflächen als Wiederholung ab, die Optik vertagter Plätze, verpatzter Finalrunden, die Geräusche haben Platzverweis & immer wieder spult die Innenstadt menschenleere Straßen vor und zurück im Kopf wie einen sinnlosen Satz. An Kreuzungen findet die letzte Streuung der Worte statt, die irgendeine Leuchtreklame ausbuchstabiert. Von der Sprache sind auf dem Boden noch einige Ereignisse übrig, Verkaufsreste, Zigarettenschachteln & Plastiktüten mit zerknüllten Markennamen, die als Untertitel an der Stille haften, Wunschfetzen im aufgebrauchten Hoffnungszelluloid.

Auf den Reklametafeln der Kaufzentren scheint die Wirklichkeit abgespeist. Am Rand der Zuversicht zusammengeschoben & ausgebremst & womöglich sonstwo ans Nachtende gekettet warten aufgereihte Einkaufswagen auf morgendliche Dekomprimierung. Als nähmen sie das Anstellen an Kassen vorweg oder den öffentlichen Gebrauch des Lebens. Ob Müllcontainer, Fahrradständer, Parkmarkierungen – allerhand Bezugspunkte für die tagtägliche Zuordnung der Dinge, Erwartungssicherheit für einen geordneten

Auftritt der Sehnsüchte oder ihren wirklichkeitsschonenden Abgang. Gut ausgelegt ist das Netz für Kundenströme & halbherzigen Freiheitssinn. Doch für jetzt hat der Tag mit der Welt Schluss gemacht, ihr die Leviten gelesen und den Ladenschluss erklärt. Die Gedanken nehmen Sitzhaltung an.

Nachtlöslich also scheinen Bedeutungen, welche die Stadt daher tagsüber ausprobiert in Supermärkten Warenhäusern Kaufgalerien samt ihren Abteilungen Dosiertes Glück & Wohlgefühl. Straßenweise Geschmacksverstärker Stimmungsmacher Schmerzstiller, die die Dunkelheit hinuntergeschluckt hat wie einen billigen Snack. Mitternacht, will sagen, überschrittenes Verfallsdatum, Wahrheits- und Haftungsausfall allenthalben. Wer zu spät kommt, muss ohne Kundenservice ins Bett, Time over & das Älterwerden ohne Mengenrabatt. Bis frühmorgens die Helligkeit jene Sinnaufstellung annimmt, mit der die Lichtwerdung der Haushalte beginnt, das reinste Lichtaspirin. Kaufappell, Entwarnung, Vorhang.

* aus: Ralf Burnicki, Zahnweiß (Kaufhauspoetry), Edition AV, Lich

SVEN KLÖPPING
POSTEINGANG

„Berufsunfähig – was nun?"

„Audible testen und 25 EU Amazon Gutschein sichern!"
„mal wieder Bock ne Frau zu vögeln?"
„Pflegeprodukte super günstig!"

BASISDEMOKRATISCH

melangiere ich dahin.
mich umspülen werte,
die nicht umzurechnen sind.
wenn ich wählen gehe,
habe ich die wahl zwischen
weißbier und rotwein.
wenn ich demonstrieren gehe,
demonstriere ich schuldgefühle.
wenn ich schlafen gehe,
nehmen mich meine träume gefangen.

DANIEL MYLOW
ALLES WIE IMMER

morgens ist alles wie immer
rauch steht in der luft
und deine lebensgeschichte
verliert sich in einem Satz
zwischen den schlagzeilen
über steuererhöhungen
und dem abbau von sozialleistungen

die wahlplakate versprechen noch immer
einen frieden in freiheit
auf deinem täglichen gang
durch die regenstadt
wo die schaufenster
das paradies der gefühle ausleuchten
davor verstreicht ein bettler
sein erbrochenes auf dem asphalt

mittags sehe ich mich noch
und ich sehe mich nicht
fremd wie der abglanz des himmels
auf den fassaden der bürotürme
fremd wie die reglosen gesichter
der menschen in der u-bahn

abends ist alles wie immer
der döner schmeckt nach versprechen
im suff höre ich dem regen zu
er wäscht die paradiese blank
und zwischen sportschau und lottozahlen
suche ich die straße nach süden

DANIEL MYLOW
LEERSTAND

reglos
stehen die wohnungslosen
bewacht von schäferhunden
in den leeren parks

mit der dunkelheit
rufen die stadtoberen
die verteidigung des reichtums aus

shopping malls rüsten sich zur preisschlacht
makler pflegen ihre rendite
banker ihre boni
und das licht zieht einen schatten
über subventionierte neubauruinen

durchs fenster
starrt der graue horizont
der abend
trägt neuen schnee heran

GERRIT PHIL ABEL
POKÉMON STADIUM

Motivierte Menschen haben Koffein im Blut,
Motivierte Menschen stehen früher auf.
Motivierte Menschen lesen Ihren Bankauszug,
Motivierte Menschen halten mal was aus.
Und die Schule hat mir über ein Jahrzehnt erklärt,
Dass es lohnt, sich täglich neu zu motivieren –
Erst das Neue macht das alte Leben lebenswert.
Und ich spiel Pokémon Stadium mit dir.
In dem Alter hat mein Opa schon ein Haus gebaut,
Hatte seinen zweiten Sohn mit seiner fünften Frau.
Und ich streif weiter planlos durchs Leben.
Wer nichts kann, kann auch nicht wissen,
                              was er werden will –
Skonto nutzen mit dem Kurzkredit zum Zahlungsziel.
Ach, ich sollte mich gründlich was schämen ...

Motivierte Menschen fangen einen Weltkrieg an,
Motivierte Menschen klauen uns unsere Jobs.
Motivierte Menschen fahren morgens Straßenbahn,
Motivierte Menschen haben viel im Kopf.
Und es gibt Millionen Bücher, die mir helfen wollen,
Um mich auch für jeden Tag zu motivieren –
Ja, die Welt ist voller Chancen, die man nutzen soll.
Und ich spiel Pokémon Stadium mit dir.
In dem Alter hatte Schiller schon wer weiß was drauf,
Ja, ganz Weimar hat sich damals nach ihm umgeschaut.
Und ich bin nicht viel mehr als ein Treibholz.
Wer kein Ziel vor Augen hat, kann keinen Bogen spannen –
Original für dich und Durchschrift geht zum Bundesamt;
Ach, bei euch sieht das alles so leicht aus ...

Motivierte Menschen zünden böse Bücher an,
Motivierte Menschen sorgen lieber vor.
Motivierte Menschen knipsen sich vorm Kanzleramt,
Motivierte Menschen haben viel Humor.
Nein, es mangelt nicht an Gründen und Gelegenheit,
Um anzufangen, sich zu motivieren –
In den Lüften liegt der feine Duft der Gründerzeit.
Und ich spiel Pokémon Stadium mit dir.
Unsere Freunde wollen alle an die Wall Street gehen,
Und wir beide diskutieren unser Starterteam.
So als könnten wir wirklich was schaffen.
Ja, wir sollten uns was schämen vor der ganzen Welt,
Dass uns der Mut, die Kraft und die Einsicht fehlt,
Täglich das, was man nicht will, zu machen.

JÖRG NEUGEBAUER
ANDÄCHTIG

wird der dax angebetet
wie früher das vater
unser der priester
murmelt die tagesschau
sprecherin heute die zahlen
jeden tag andere
das vater unser blieb
lange gleich
bis die gerechte
sprache auch hier
ungleichheit schuf
die andacht bleibt
dem dax vorbehalten

INGRITT SACHSE

ich bin
ein günstling der
natur
vor allem wenn ich
auf die elbe beispiel blankenese
seh
     die ruhe hier und
kein profaner lärm
kein krach kein dreck kein
brechen bohren donnern dröhnen schlagen
     von alldem nichts
ich ruh
     in allem
als günstling eben
     ich muss der gunst wohl
sehr gefallen. da
schrillt ein ton die
ohren zu und hebt das schädel:
dach mein wecker
weckt und aus der
traum von gunst von günsten
     günstiger begünstigt die
radiostimme schreckt: zu viele
menschen zu viel
müll zu wenig rohstoff zu
wenig öl zu viele arme
zu wenig lohn zu wenig
heu zu viele schrecken in
zu vielen hecken ...
du musst zur früh:
schicht! (Ab!) ich komm
ja schon!

ELENI CAY

WILLKOMMEN IM ALL-INCLUSIVE-RESORT!

Vor Hotels stellt man gepanzerte Wagen.
Yachten neuer Bewohner
lädt man auf unbewohnte Inseln ab.
Satte füllen ihre Teller,
lockern Gürtel für noch mehr.

Neuzeitliche Könige:
Ihrem verwöhnten Hunger sind Öffnungszeiten fremd.
Goldene Ketten um den Hals,
durch Armbänder gezeichnet,
in ihren All-inclusive-resorts
sind sie armselig wie Häftlinge –
reich = bestraft, große Unterschiede merkt man dort nicht.

Hinter Stacheldraht
hängen Südländer den Geldleuten Schaukeln hin.
Hinauf schaukeln sie ihre Bäuche ja nicht.
Langweilige, einfarbige Dollarbegebenheiten.
Wucher fließt aus ihren Federn wie das Blut
aus Mückenmund.
In Bodennähe rumoren bei ihnen im Bauch
die Gefräßigkeiten.
Das versteht der Dörfler nicht,
schaukelt weiter und lacht nur übers ganze Gesicht.

* Übersetzung aus dem Slowakischen: Dr Jaroslav und Inge Stahl

RAINER GELLERMANN
DER STROM DER ZEIT

Komm setz dich an den Strom der Zeit,
drin Flammen flussvoll flossen.
Das zweite Feuer brennt nicht mehr,
ganz leise treibt die Glut daher
und findet keinen Hafen.

Am Ufer steht ein Schattenschwarm
und debattiert das Bild.
Der Strahlentaucher winkt von fern,
doch niemand sieht den Feuerstern
in seinen gelben Händen.

Sein Blick stromab ist wissenssatt,
er sieht die fließend Folgen.
Der Strom, er trägt in sich die Glut.
Das friedlich Bild, es trügt. Bei Flut
die Kindeskinder brennen.

HORST REINDL
DIE KRONE DER SCHÖPFUNG

Die Welt besteht aus Biosphären,
womit wir schon beim Menschen wären.
Kaum saß er nicht mehr in den Ästen,
sah man ihn flugs die Welt verpesten.

Die Bibel wies ihn auch gleich an:
„Macht euch die Erde untertan!"
Seitdem versaut die Menschheit diese,
ganz gleich ob Meer, ob Wald, ob Wiese.

Die Süßen und die Säuerlichen
Sind um die Weinstöcke geschlichen
Und lechzen vor Begehrlichkeit.

Die Niedertracht war ausgeartet,
Und Sklave bleibt, wer darauf wartet,
Dass ihn ein anderer befreit.

Die Indolenten und Bequemen
Sind Legion. Und wer da denkt,
Die Früchte gäbe es geschenkt,
Mag ihrer sich und seiner schämen.

Kein Fuchs lässt sich dadurch bezähmen,
Dass er sich freiwillig beschränkt,
Weil Trauben ihm zu hoch gehängt:
Die Freiheit muss man sich schon nehmen.

JOSEF HADER
MAINSTREAM

Schlagartig erfolgreich,
Business inside,
Fairness outside.
Ich lieb nur mich,
ich beherrsche das Leben,
ich mag das Nehmen
lieber als das Geben –
so ist es heute eben!

JOSEF HADER
PREKÄRE ARBEITSVERHÄLTNISSE

Schützt dich im Job
kein Lobbying,
dann trifft dich von oben
Mobbing:
Mobbivation
für den Mob im Job!

Mob hopst,
Mob kotzt,
oh Gott, oh Gott.
Bloß,
so ist's besser noch
als joblos.

EINE FRAGE DES STANDPUNKTS

Die Krux am Kapitalismus ist, dass er zum Erfolg verdammt ist, sonst ist er tot! Unsere Gesellschaft präsentiert sich bereits erstarrt genug, um zu glauben, dass es zum Kapitalismus keine Alternativen gibt. Die EU mit ihrer derzeit auf fatale Art und Weise strippenziehenden Führungsmannschaft/-frauschaft laboriert an einem wachsenden Blähbauch voller Luftgeld; bis es ihn zerfetzt. Immer mehr Kredite zu Schleuderzinsen werden gegeben und genommen, ohne zu beachten, dass Kredite eine Vorauszahlung auf künftige Einnahmen sind, die jedoch nicht mehr ausreichend kommen werden.

Parallel dazu gelingt es einer kleinen Minderheit scheinbar mystisch, sich von produktiver, arbeitsintensiver Wertschöpfung zu „befreien" und schamlose Spekulationsgewinne einzufahren. Die gemolkene Masse steht hilflos mit offenen Mündern da oder hat die üble Abzocke noch gar nicht bemerkt.

Die wenigen, die den Widersprüchen auf den Grund gehen möchten, werden auf keinen grünen Zweig kommen, denn es gibt in der Historie nichts Vergleichbares dieses Ausmaßes. Oder vielleicht doch? Möglicherweise vor ca. 100 Jahren?

Die Kritik wächst, die Sehnsucht nach Reformen ebenso. Nur, der heiß ersehnte Messias mit Durchblick und Entwirrkompetenz ist noch nicht auferstanden. Wenn er nicht bald kommt, wird sich der Kapitalismus in seinem Endstadium möglicherweise in den Kommunismus retten müssen. Dann dauert es wieder ein paar Jahrzehnte, bis uns der Sozialismus befreien und zugleich den Humus für neuen Kapitalismus schaffen wird. Ob ich den neuen Kapitalismus dann noch erleben werde? Vielleicht würde es sich lohnen und ich wäre diesmal ein Mitglied der kleinen Minderheit ...

MICHAEL WINKLER
BAUT AUF MAUT

In Bayern – da im Horst sai Reich
Sind die Menschen mehr als gleich.
Sie sind viel gleicher als Touristen,
Denn die soll'n zahl'n für Autopisten.

Und weil dem Horst sai Reich is' mächtig
Und die Rosanen doch nur schmächtig,
Soll das ganze deutsche Land
Gebracht werd'n auf den Bayernstand.

Wer Bayer und wer Deutscher ist,
Der bekommt bei Jahresfrist
Das Mautgeld wieder ausbezahlt –
Man braucht den Wahler, wenn es wahlt.

Willkommen in Deutschland –
Land der Dichter! Land der Denker!
Hier sitzt der Hei(l)land
Noch selbst hinter'm Lenker.

OLAF KURTZ
FADENKREUZ

nur einen Steinwurf
entfernt
liegt das durchgeladene Schweigen
nervös
hinter Gedankenirrtümern
spannt sich
ein Körper
zielsicher
ins Fadenkreuz
mit getarnter Angst
riemeneng
die Kugeln aus dem Magazin
gedrückt
der gesunkene Mensch
lebensstill
an der staubmatten Wand
höre ich
den Atem gehen

IRIS MUHL
OSSETISCHES LIED

Mein Kind. An der Schule verneigen Sie sich heute über deinem trockenen Blut. Die Kugeln kommen dann von überall her. Sie zischen aus den Brotkörben des Bäckers, aus dem Lampenschirm von Tante Martha, von Ost nach West, zwischen meinen Zähnen hindurch. Sie haben mich außer Kraft gesetzt mit ihrem unentwegten Fiepen. Zehn Jahre frisst diese Hölle schon an der Turnhalle und an meiner Leber. Weshalb ist Gewalt so einfach wie eine Kündigung? Entgegen Geburtsfehlern, der Wettervorhersage, des Trommelfells, des Benzinpreises. Sie schert sich nicht. Mein Kind. Ich höre immer noch deinen Durst im tückischen Nebel. Er zersplittert mich, wuchert über mein ossetisches Lied. Du hast keine Vorstellung davon, wie lange das immer noch mein Innerstes überprüft. Ich verspreche dir, solange der Tod in Beslan wohnt, singe ich.

(In Erinnerung an das Massaker in Beslan, 2004, an dem 331 Menschen starben. Vor allem Kinder.)

GÜNTER LANGENBERG
SINN UND ZWECK

Wozu dient die Tageszeitung,
die man meistens früh schon liest?
Nur der Nachrichtenverbreitung?
Die Kolumne *Aufgespießt*
hält den Leser gut bei Laune,
nicht so sehr der Wirtschaftsteil.
Und im Feuilleton – man staune –
sind ein, zwei Artikel geil.

Politik verursacht Gähnen.
Lustlos liest man Seite 1.
Seite 2 und 3 – den Tränen
nahe ob des Traurigseins –
will man gar nicht wirklich sehen.
Und die Seiten 4, 5, 6
lässt man ungelesen stehen
aus rein geistigem Reflex.

Leserbriefe sind der größte
Schwachsinn, den die Zeitung bringt.
Liebster Sportteil, bitte tröste
uns mit Sport, der noch nicht stinkt!
Wichtig sind die Anzeigen,
denn man muss sich informieren
über die Verstorbenen.
Vielfach darf man gratulieren.

Wozu dient die Tageszeitung,
die man nicht in Gänze schätzt,
doch sich leistet als Begleitung?
Wozu dient das Machwerk jetzt?
Hier die Antwort aus der Hüfte:
Letztlich sorgt das Tageblatt
dafür (was Karl Marx verblüffte),
dass man Einpackpapier hat.

MIRKO SWATOCH
TÄGLICH IN DEN ZEITUNGSBLÄTTERN

Ich sehe täglich in den Zeitungsblättern,
wie sich die Bilder reihen von Gewalt
an Männern, Frauen, Kindern, gar nicht alt,
die Kugeln, Bomben einfach niederschmettern.

Durch Häusergassen schwere Panzer brettern.
Die Luft gefüllt mit Staub, der Atem kalt;
die Wangen steif, das Kleid mit Blut bemalt.
Der Schrei erstickt nach Hilfe, Lebensrettern.

Und jeder Tag fügt noch ein Bild hinzu,
verdirbt das Frühstück, raubt mir meine Ruh,
weil Menschen hier noch um ihr Leben rennen.

Wer seine Freiheit so viel höher glaubt
und mit Gewalt drum fremdes Leben raubt,
wird nicht sein Hass ihn selbst von Freiheit trennen?

VINZENZ FENGLER
VERGEBLICH

Und dann fragen sie dich
ob du noch ganz bei Trost bist
weil sie nicht verstanden haben
dass du das Pflaster auf ihren Wunden bist
in die du gerade den Finger gelegt hattest

Mangelnde Einsicht könntest du sagen
aber da haben sie dich schon am Schlafittchen
und dir das Fell über die Ohren gezogen
So ein falscher Projektionshase landet
bei ihnen sofort auf der Schlachtbank

VINZENZ FENGLER
AUFBRUCH - EINBRUCH

Es geht die Rede von Aufbruch
aber niemand ist aufgebrochen
(Wer spricht von Stillstand)
Die Wege harr'n ihrer Betretung
warten auf Spuren im Kies
Und keine Wunde ist aufgebrochen
(Wer spricht vom Vergessen)
Die Erinn'rung ist für verrückt erklärt
Und hat einen amnesischen Anfall

Es geht die Rede von Aufbruch
aber nichts wurde aufgebrochen
(Wer spricht vom Kerker)
die Türen der Sozialspinde sind unversehrt
Die Vernunft wimmert hinter Schloß und Riegel

Es geht die Rede von Aufbruch
aber nichts und niemand ist aufgebrochen
Alle sind stehengeblieben
Und alles ist eingebrochen
Und alle sind eingebrochen
Und alles ist eingefallen
Aber niemandem fiel etwas ein

Es sind überall noch diese Mauern
Und es sind überall noch diese Grenzen
Und es geht die Rede weiter von Aufbruch
aber nichts und niemand ist aufgebrochen
(Wer spricht von Ausbruch)
Und wo ist der Ausgang
Wer zahlt den Wärtern die Zeche
Wer zahlt ein und wer drauf

BERNHARD WINTER
DER SCHREI

In der Steinzeit schwiegen wir
Als Griechen und Römer sagten wir nichts
Im Mittelalter waren wir still
Und im 20. Jahrhundert stumm
Noch letzte Woche hielten wir den Mund
Dann gestern das Zeichen

Heute: der Schrei

Friede den Hütten
natürlich den unseren
es muss doch richtig heißen
natürlich Frieden unseren Bungalows
Villen und Penthaus-Wohnungen

wieso wollen manche
Frieden irgendwo in der Welt
schaffen
setzen sich dafür ein
natürlich nur verbal

Frieden müssten wir doch
zuerst in unseren Bungalows
Villen und Penthaus-Wohnungen
und wer weiß noch sonst wo
schaffen.

flash golden hair
mit ultra pearl effect
sei du selbst wer immer
du auch bist kauf besser
was weiß ist ist wahr
digital news neu ist nichts
klopfzeichen zugleich
unhörbar laut blog
ich twitter den kopf weg
freiheit die grenzenlos
ist the more I know

„Homo Smartphonis!", verkündete der Geburtshelfer freudestrahlend. Der glückliche Gesichtsausdruck ging sofort auf das stolze Elternpaar über. Hatten sie doch ihrem Nachwuchs den entscheidenden evolutionären Vorsprung verschafft. Ob das neugeborene Humanoidenkind nun weiblich oder männlich war, musste abgewartet werden. Die zuständige Kommission für die Harmonisierung von Schnittstellen tagte noch, und da es bisher keine Quoten für das Steckeroder Buchsengeschlecht gab, konnte die Entscheidung für das richtige Implantat hinausgezögert werden. Vorsorglich hatte man das Gerät, welches die überflüssige linke Hand des neuen Erdenbewohners ersetzte, mit einer Wechselschale ausgestattet. Ob Zartrosa oder Hellblau, die Zulieferindustrie wartete bereits auf die Eckdaten. Auf runde Ecken hatten die Gen-Designer ebenso verzichtet, wie auf mögliche Apfelbrüstchen eines weiblichen Homo Smartphonis. Unnütze Patentstreitigkeiten mussten vermieden werden, da dieses neue und revolutionäre Produkt der industriellen Reproduktionsmedizin sofort Marktreife erlangen sollte. Und es funktionierte gleich einwandfrei. Zielsicher wählte der goldige Neuankömmling „Shout" von „The Isley Brothers" als Klingelton für seinen ersten Schrei und bewies damit auch Retrofähigkeiten.

Der Genialität von Dr. Blue Berry hatte es die Menschheit zu verdanken, dass der absehbaren Überlegenheit von Formen einer KI, der künstlichen Intelligenz, Paroli geboten werden konnte. Nach jahrelangem Innovationsstillstand kam dem Kommunikationspionier Blue Berry die Notwendigkeit des Homo-Pimpens bei einer Fußballsimulation in den Sinn. Hielt er sich selbst für die perfekte Symbiose von Messi und Christiano Ronaldo, spielte er gegen die

Computer-KI dann doch eher Lahm. Als Erster nahm Blue Berry die Symbiose von Mensch und Smartphone wörtlich und verstärkte sein Entwicklerteam für das Projekt Homo 2.0 mit dem Genetik-Guru Dr. Frank N. Stein. Wegen des gescheiterten Remakes von „Hello, Dolly!" drückten Frank N. Stein Finanznöte, weshalb er umgehend zusagte und das Prinzip „zwei Ohren, zwei Sim-Karten" mitbrachte. Nun warteten alle gespannt am kleinen Bettchen auf weitere Reaktionen des Bluetooth-fähigen Wonneproppens. Eine kurze Schrecksekunde, als der Ladebalken in den Augen stehen blieb, dann auf dem Display „FATAL ERROR: NExL Plugin not found" erschien und das Mündchen ständig „Kein Netz" plapperte.

Ohne Zögern forderte Dr. Frank N. Stein: „Schwester, schnell das Update". Der Intensiv-Informatische-Eingriff hatte Erfolg. Der Umsatz war gerettet.

NEUSPRECH - DIKTIONÄR 11.0

Neulich erzählte meine Tochter über ihren neuen Job: „Ich bin zwar nicht der chairman of the board, aber ..."

„Der was?", fragte ich und dachte, mich verhört zu haben.

„Chairman of the board, der Vorsitzende. Hm – der Ober-Guru, großer Manitu, Kwisatz Haderach, Imperator", versuchte Töchterchen, sich auf die Ebene ihres sprachsenilen Alten Herrn zu begeben.

„Du weißt schon, was das wörtlich übersetzt heißt? Der Stuhlmann des Brettes! Pah, Imperator! Ist jetzt aus der römischen Ämterlaufbahn, cursus honorum, dem Weg der Ehre, bei deutschen Großunternehmen ein Stuhlgang geworden?" Ich schmiss mich weg vor Lachen. „Ist das jetzt

NeuSprech für Global Player? Müssen wir in Zukunft über den großen Stuhlmann Mao lesen?"

„Ne, ne, das ist ganz normales Englisch, hieß immer so. Aber was ist NeuSprech?"

„Ist aus George Orwells Roman 1984. Die Führung eines totalitären Staates gibt ein Wörterbuch heraus, an das sich alle halten müssen. Es soll die Sprache so simplifizieren und sinnlos machen, dass kein Widerstand mehr möglich ist", erklärte ich.

„Ach so, du meinst PC, political correctness, mit den bescheuerten Euphemismen!"

„Ich glaube zwar nicht, dass Orwell dies so gemeint hat, das ist aber eine interessante Vorstellung. Der Protagonist Winston arbeitet in dem Roman nämlich für das Ministerium für Wahrheit und soll dort alte Veröffentlichungen inhaltlich und sprachlich anpassen. Da stelle ich mir vor, wie er vor dem Hexenhammer von 1492 sitzt: Verbrennen – das klingt nicht gut! Schreiben wir doch thermische Hexen-Verwertung."

„Genau", setzte meine Tochter fort, „und aus *De bello Gallico* von Caesar würde er *Über den bewaffneten Konflikt zur Inklusion entwicklungsverzögerter Urvölker* machen. Dabei recycelt Caesar seine Rheinbrücken und legt Wert auf Nachhaltigkeit, in dem er nicht alles verbrennt, äh, thermisch verwertet."

„Ian Fleming, James Bond: Leben und frühzeitig ableben lassen, Lizenz zum Drohnen!"

„Das könnte Verwechslungen mit Willi aus Biene Maja geben. Aber da würde sowieso DrohnenInnen geschrieben werden müssen. Quatsch, die Drohne ist ja schon weiblich. Kein Wunder, dass Willi so komisch rüberkommt. Wie heißt denn eine transsexuelle Drohne in NeuSprech?"

So ging das bis zum späten Abend.

Nachts träumte ich dann von der Vorstandsitzung eines deutschen Unternehmens. Alle saßen mit heruntergelassenen Hosen auf einem Donnerbalken, dem *board*. Nur einer hatte auf der Toilettenschüssel Platz genommen, denn er war schließlich der chairman. Dann platzten Ursula von der Leyen und Claudia Roth in die Sitzung und forderten ein feminines board, denn auch Frauen hätten jede Menge abzusondern. – Oh Mann, oder Frau, wie kann man nur solch einen Scheiß träumen!

INA MARIA SIMON

NEULICH las ich, dass diplomatische Kanäle die Gefahr vor der Tür trockenlegen sollen. Mir ist schleierhaft, wie ein künstlich angelegter Wasserlauf in der Lage dazu sein soll.

5762
Seriennummer eines wendigen Mini-Flugzeugs von Lego
Kosten: 11,99 Euro
5762
Boing-Flug, Non-Stop von Düsseldorf nach Antalya
Kosten: 183,19 Euro
5762
Ebola-Patienten im September 2014 in Westafrika
Kosten: Völlig unklar.

BERND MARCEL GONNER
MENSCHENKÖDER / FAHNENFLUCHT
ODER LIED VOM IMMER FALSCHEN
VATERLAND

> „*without a blazon is the flag*
> *that I hold up and do not wag*"
> Paul Goodman, aus: Little Te Deum

trägt ein Wappen, das ich henke,
nennt sich Fahne, die man schwenke –
country roads
take me home / holper heim –
Land-Straßen in den Schmerz
das Radjo säuselt was von Bleibe
(the radio reminds me of my home)
– was aber bleibt einem,
der frei geborn?

die Zeit, sagtest du, treibt ihre Blüten
wir trinken den Nektar,
zornige Jungs immerzu
mit geballter Faust in den Taschen
zum Dreinschlagen
wir lauschen dem Gesang unterm Pflaster,
wir küssen die Steine
und etwas fliegt in den Köpfen auf
sei es Gewalt, sei es Blattwerk, sei es ein Rest von
Engelsflaum, der uns nicht loslässt

(teilt aus!)

schwarze Flagge, die wir hissen
trägst kein Wappen, das wir missen
deine Machart: ungemacht
wer's mit Macht hat: Schicht im Schacht

107

(allen all's!)
das zum Gruß
auf ein Wort, Jungs
's kommt zurück,
wenn die blindwütige
Liebe über euch
hinweggegangen ist
(nestwärts nur
stolpert die Sehnsucht
take me home
Mutter Aufruhr
BruderBalg
SchwesternSchwarm
schleift die Fron)

          schwarze Flagge, die wir hissen
          nichts als Fehlfarb in den Splissen
          deine Maschen: aufgetan
          Fadenstärke: Jedermann

wir tragen ein kleines Herz
gespeist aus
dem brennenden Asternrot
dem Wind-Stoß langer U-Bahnschächte
mit den Fahnen gelockt

          schwarze Flagge, die wir missen
          ungefärbte Liebe hintern Schmissen
          in der Wolle: Herzensdrang
          von der Schlagart: menschenlang

auf den Transparenten
lest,
entkommen dem Untergrund,
unser Gebet:

schwarze Flagge: Leckerbissen –
unterm Nabel fängt es an:
Lieb treibt Zorn, das Bauchgewissen
beißt am Menschenköder an

take me home / rumpel heim
Land-Straßen in die Schwer-Mut
(das Radjo stümpert was von Bleibe
– w i e aber greint einer, der frei geborn?)

Die Verse *schwarze Flagge, die wir hissen / trägst kein Wappen, das wir missen* lehnen sich an das Motto an; die Übersetzung wiederum basiert auf Stefan Blankertz' Übersetzung in: Paul Goodman, kleine gebete. Edition g. 202, S. 49/50.

FRANK STÜCKEMANN
ANSTELLEN

Was wird schon gut, nur weil es lange währt?
Reiht euch am Ende in die endlos lange
Boa constrictor dieser Warteschlange
Vor jenem Schalter ein und seid belehrt,

Dass man euch einen Gnadenakt gewährt,
Bequemt nach Stunden man sich zum Empfange!
Es geht ausschließlich um Konzernbelange;
Der Kunde ist das einzige, was stört.

Entsprechend wirkt das Personal stupide,
In jeder Hinsicht unbeweglich, müde ...
Auf nonverbale Art bedeutet man

Sowohl dem ersten wie dem letzten Kunden,
Der sich in dieser Schlange eingefunden:
Nun stell'n Sie sich doch bitte nicht so an!

FRANK STÜCKEMANN
OHNE TITEL

Greife nur nicht zu den Sternen,
Denn sie sind für dich zu weit;
Setze, statt dich zu entfernen,
Auf Stromlinienförmigkeit!

Jeder muss beizeiten lernen,
– Dein Charakterlos erfreut –
Sich selbsttätig zu entkernen:
Steh' im Windkanal bereit,

Sei nur anstellig und völlig
Farblos, völlig unauffällig;
Diese Leistung wird bezahlt!

Mit gewiefter Resteinstellung
Zu verbriefter Festeinstellung:
Fehlt Gehalt, steigt das Gehalt.

PETER COON
DER MITTELPALAST

Ich schreib' diese Zeilen
vom Ende der Welt
oder dem, was ein Deutscher
für dasselbe wohl hält

ich mach hier kein' Urlaub
ich sitze hier ein
zwei Jahre schon wartend
auf Sanktnimmerlein

doch wie dem auch sei
ich bin nur ein Gast
und wohne sehr billig
im Mittelpalast.

Mein Zimmerchen habe
ich für mich allein
nur selten mal kommt auch
ein Zweiter mit 'rein

ist nicht komfortabel
nicht grad' eine Suite
ganz ohne den Flair
der Gäste anzieht

der Service – nicht gut
das Essen nur fast
kein' einzigen Stern hat
der Mittelpalast.

112

Nicht jeder darf 'rein
die Besitzer sind streng
und wenn alle hier drin wär'n
wär's sicher zu eng

doch wer sich nur traut
Konsequenzen vergisst
wer laut ruft nach Freiheit
die wesentlich ist

wer öffentlich fordert
was ander'n nicht passt
erhält bald ein Plätzchen
im Mittelpalast

Beim Gang in den Hof
und den Mahlzeiten nur
seh' ich andere Gäste
vom anderen Flur

Revolutionäre
Querdenker und Freaks
allesamt Individualisten,
die sich einfach nicht in ein festes Schema pressen
lassen oder sich mit eingefahrenen Systemen ab-
finden wollen, die sich ihre ganz eigenen Gedan-
ken machen, gegen Engstirnigkeit und Bevormun-
dung kämpfen, mutig und doch voller Angst ihr
eigenes Leben auf's Spiel setzen für ein freieres
Leben.

Mit diesen und mir
wird sich mächtig befasst
uns're Willen zu brechen
im Mittelpalast.

Von der Rest-Welt vergessen
konsequent ignoriert
werden wir zugerichtet
und entcouragiert

man lehrt uns die Regeln
und wer sie nicht hält
wird vom Personal
mit viel Eifer gequält

so ist das in diesem
Hochsicherheitsknast
den alle hier trotzig
den MITTELPALAST

nennen.

Während Mutter Erde sich
immer tiefer
in ihren weißen Mantel
hüllt
die Wintersonne ein Feuerwerk
im funkelnden Meer der Schneekristalle
entfacht
der Mond
unberührt von eisiger Luft
gelassen
auf seinen großen Auftritt
wartet

sitze ich
im rainbow chat
flüchte
vor dem shitstorm
verstärke
die firewall und
warte
auf google earth

Das Internet ist heut' noch nett.
Es weiß so vieles, ist Parkett
für alles. Doch vielleicht schon morgen
erscheint's uns nicht mehr cool. Mit Sorgen
begreifen wir, dass uns Konzerne
des Datenwissens in interne
Bereiche folgen. Kameras
von kleinster Größe uns mit Maß
für Delikates permanent
verfolgen. Wir sind transparent.

Mit unsren Fotos in der Cloud
(Provider X wird noch vertraut)
und unsrer Meinung stolz im Blog
(den schreibt heut' selbst der Underdog),
mit Infos und Humor in den
sozialen Medien versteh'n
wir eines nur: uns nackt zu machen.
Man weiß von uns intimste Sachen.
Und die Konzerne nutzen diese.
Profit durch unsere Betise!

Das alles ist der Anfang erst.
Wie fühlst du dich, wenn du erfährst,
dass dich die Matrix überwacht,
Computer dich bei Tag und Nacht
bei jeder Handlung kontrollieren?
Die Roboter, die dir servieren,
sind klüger, wissender als du.
Fast lächerlich ist dein IQ.
Geheimnisse wird's nicht mehr geben.
Du fragst dich: Lohnt sich solch ein Leben?

Eine Fliege summt im Flaschenhals
um die Wellen am Meer
der afrikanische Bischof nimmt die Kasse
für die Versorgung der AIDS- Waisen
kauft sich einen Jeep.

Damit fährt er zum Festgottesdienst
für die Ehrenamtler
die jene Zwanzigtausend Dollar
zu Hause erbeten hatten.

Lokale Wirtschaftsprüfer nehmen
verjährte Quittungen für den Rohbau
eines Gemeindehauses und bestätigen
die sachgemäße Verwendung der AIDS- Gelder.

Obwohl die Tausende der deutschen Stiftung
nicht für Baumaßnahmen verwendet werden dürfen
erkennt sie die Abrechnung an.

Das Zittern der rotsonnigen Rehe
ist codiert in den Flügen der Schwalben
und der Windpark neben dem Dorf an der Ostsee
wird die Waisen zwingen
die Häuser ihrer Eltern
zu verschenkten.

PEGA MUND
WIR

halten uns an das schöne und gute
im leben / fest gemauert auf altem
grund / besitzen wir täglich neu
die wahren optionen / wählen aus
dem all-inclusive-prospekt die schönste
der seltenen erden / zu unserer lust

führen wir uns zierlichkeitslügen
ein / füttern uns fett mit not-
geilen selfies / konsumieren ins blaue
geschraubte bollywoodwunder
aus flimmertüten / knallen uns rosa
schirmchen aufs auge / zum glück

geht der airbag auf wenn wir uns
rammen / wir reisen klimageschützt
und dreifach verriegelt / unsere herzen
sind hohlraumversiegelt / wir fühlen
computergestützt / bei bedarf
frisieren wir uns politisch korrekt

PEGA MUND
WAS WIR GEBEN

ist selbstverständlich
immer nur gut
gemeint: wir spenden trost
pflästerchen krücken altkleidung

für afrika beispielsweise
mit unseren abgelegten brillen
schauen die dort gut
genug aus

der wäsche. wir geben gern
dem hunger den humanitären rest
aus der portokasse mild gesalzene peanuts

wohltätigkeitsakrobatik luftnummern hoch
gestelzt über trockenen knochen
das werbeplakat: kauft wasser von nestlé

PEGA MUND
KORREKTES SEIDENHEMD

Dass ich korrekt bin, ist mir wirklich wichtig.
Ich mache, was ich mache, gerne richtig
gut. Wenn ich mich beispielsweise kleide,
dann nur in ökologisch aufgemischte Seide

von artgerecht umsorgten Raupenpopulationen,
die glücklich in naturbelassenen Gebüschen wohnen
und ihre Fäden sorgenfrei und ungeknechtet produzieren.
Ich will kein Hemd aus Stoff von unterdrückten Tieren!

Ich singe vor dem Essen Scheidelieder für die
Fleischtomaten
und spreche, eh ich sie in Essig bade, zärtlich
wispernd mit den Kopfsalaten,
denn die Chemie muss stimmen, find ich – ohne
Kompromiss!
Ich nehme kein Gemüse in den Mund, das sich
nicht freut auf meinen Biss!

Zum Spiel der Großkonzerne mach ich selbstverständlich
böse Miene,
dieweil ich mutig spendend Regenwälder, Robben und
Delfine
rette. Mit billigem Atomstrom kriegt MICH keiner froh!
Und gegen Kinderarbeit bin ich sowieso!

121

Ich will, dass endlich alles gut wird! Auch der Krieg! Und
auch: das Klima!
Mein neues Auto, der Tojata Prius, bringt mich diesbezüg-
lich umweltkompatibel prima
auf den Weg. Man muss sein Leben eben ändern! Wenn es
gar nicht anders geht,
besteige ich für eine schöne neue Welt ein Corratec mit
14-Naben-Gang-Mobilität.

Nachts bette ich mein ruhiges Gewissen
nachhaltig auf ein ökologisch einwandfreies Dinkelspel-
zenkissen,
das zwar nicht billig ist, doch mir sehr recht!
Warum nur schlaf ich trotzdem oberaffenschlecht?

NORBERT LÜTKE
BEKENNTNISSE STAATSTRAGENDER GEWALTEN

DIE PARLAMENTARIER:
„Wir denken nicht, wir schwätzen
in wohlgeformten Sätzen.
Wir handeln nicht, wir dösen,
um ein Problem zu lösen.
Wir haben Köpfe aus Zement
und schnarchen stets im Parlament."

DIE REGIERUNGSCHEFIN:
„Jetzt wird am Staatsschiff rumgewerkelt,
bis es völlig ausgemerkelt.
Heute sag ich's voller Stolz –
es geht um jede Menge Holz.
Aus Birken, Buchen und aus Eichen
hobeln wir unsere Markenzeichen.
Denn jeder Minister in meinem Kabinett
braucht vorm Kopf ein dickes Brett."

DAS MILITÄR:
„Wir züchten jetzt ein ganzes Rudel
diabolisch grinsender, bissiger Pudel.
In allen Pudeln steckt ein Kern,
und diesen spalten wir sehr gern.
Dann lassen wir es richtig krachen,
um mit dem Elend Schluss zu machen."

DER UNTERNEHMER:
„Ich bin so gern ein Unternehmer,
das Leben ist dann viel bequemer.
Herrlich und einmalig schick

ist mein Platz in der Fabrik.
Als imposanter Wirtschaftsboss
sitz ich dort auf hohem Ross.
Ich seh das Fließband, wie es flitzt,
und die Belegschaft, wie sie schwitzt.
Unterm Strich bleibt stets Profit,
den nehme ich persönlich mit.
Deshalb sei von mir betont,
dass sich Arbeit wirklich lohnt."

DER KULTURSCHAFFENDE:
„Ich gebe es zu, mein Arbeitslohn
stammt aus staatlicher Subvention.
Dafür treib ich im großen Haus
Klassikern die Seele aus.
Ob Goethe, Schiller oder Kleist –
ich ändere Wörter, Text und Geist.
Denn was diese Herren hingerotzt,
gehört gewaltig aufgemotzt.
So bleibt von dem Geschreibsel
Nur noch ein kleines Überbleibsel.
Sie halten das für blöd und dumm?
Na gut – Sie sind ja auch das Publikum!

DER JOURNALIST:
„Zum Schwimmenlassen meiner Enten
liebe ich unsere Prominenten.
Jawohl, in meinem bunten Blatt
steht alles, was kurze Beine hat.
So mache ich sehr viele Leute
zu den Analphabeten von heute.

DER GEWERKSCHAFTER:
„Eins, zwei, drei – ich komme schon
und kämpfe für steigenden Hungerlohn.
Mehr kann ich nicht, mehr tu ich nicht,
schließlich bin ich nur Leichtgewicht."

DER BEAMTE:
„Was wäre unser Staat
ohne mich als Bürokrat?
Es fehlte ihm das einzig Wahre:
Komplexes Deutsch und Formulare."

DER KLERIKER:
„Ich weiß, ich weiß, ich bin ein Schuft,
ich trage eine Bischofskluft.
Mein Lebensstil ist sündhaft teuer,
drum schätze ich die Kirchensteuer.
Doch manchmal wird mein Dasein hart,
dann juckt und nervt das Zölibat.
So entstehen auf die Schnelle
wieder ein paar Missbrauchsfälle."

DER LEHRER:
„Was soll ich sagen als Lehrer?
Mein Job wird immer schwerer.
Sehe ich Schüler in der Bank,
melde ich mich am liebsten krank."

Last but not least: DER BRAUEREIVERBAND:
„Nichts geht über guten Durscht.
Alles andere ist uns wurscht!"

world-café der abgelegten träume
da diskutiert resignation mit frust;
man sitzt im kalten ohne kekse und kaffee
und schweigt betreten voller wut.

die gruppe wechselt zur vertiefung,
protest und aufruhr im gespräch,
du fragst dich, wann der erste seine
fassung ganz verliert und amok läuft;
am ende: steuergruppe und ein fazit
– was hat das denn jetzt gebracht?

gastgeber am plakat verzweifelnd
wo in großbuchstaben steht:
FUCK ALL!

KARSTEN PAUL
WETTERBERICHT BRÜSSEL

morgens dichter Verordnungsnebel
der gegen Mittag abgelöst wird vom plötzlichen Einsetzen
starken Durchführungsbestimmungsgestöbers
Warnung: aufgrund herumfliegender Gurken Glühbirnen
und Duschköpfe
sind Sturmschäden an Physis und Ratio zu erwarten
abends und nachts dann starker Kommentarniederschlag
in der kontinentalen Randzone jenseits von Lüttich

an Wolkenränder Hügelkratzer angemalte Ecken
wir hüten uns vor Zebrastreifen Patentmusterklagen

wir glauben nicht an ornithologische Verhaltensregeln
prekäre Magensonden
Gastroskopieverordnungen Zahlenmystik
glaub mir Quersummen sind Wäscheklammern
in grauer Einheitsfarbe

wir glauben nicht an Fruchtsaftkonzentrate
Esperantokosmetik Gewitterhauben

wir weichen den Espressoschaumexperten aus
den Lustprinzipagenten
Übertragungsjongleuren
Vermögenstätern
Zivilrechtszauberern
der angewandten Philantropie

den Verschönerungsessayisten
Regenschirmkünstlern
Handauflegevertretern

wir glauben nicht an ihre absichtslose Praxis

Geschirrspülmittelkleber
vernunftbegabte Abschreibposten
dass die Schwerkraft
an einem scharf gespitzten Punkt beginnt

Messer ohne Brotscheiben existieren
der Papst als freiberuflicher Schwangerschaftsberater
Provisionen für die Instandhaltung des Petersdoms kassiert

hör mir zu das Ergebnis von 2 + 2
ist auf subatomarer Ebene ungeklärt

wir glauben nicht an Zeichenjäger
Schuhsenkellöser
große Zeiger-Treter
Vermächtnisabsolventen
kostenlosen Sonnenuntergang
Buchstabensuppen

Cognacschwenker
Teppichfarben

dass Kapuzineräffchen als Designer
Vorteile hätten
an Zusammenhang von Getreidepreisen
und Glückshormonemissionen

unverdächtige Kopfgeldtabletten
bei Vollmond gemessene Strahlenwerte

mitteleuropäische
Marktchancen für den Großhandel von Wüstensand
das Auseinanderhalten von Turnschuhzonen

das Zulassen von Kampfhundekot
an artgerechte Antwort bei Wechselstrom
Nieselregen Kleintiertränen Indianergesang
Panzergeheul

wir glauben nicht an Straßennamen
Zugsmanöver Nahrungsmittelkisten
Kompromissvorschläge
digitale Musikaufnahmegeräte
zinsenfreie Downloadraten
Kussverbote in öffentlichen Räumen
(auf keinen Fall)

3

FLUSSPIRATEN

DANIEL MYLOW

Mister President said:
GOD save America!
Und was ist mit dem Rest der Welt?

Sollen meine beiden Katzen,
die mit göttlich weichen Tatzen
auf deutschen Gartenwegen schleichen,
nicht behütet werden???

Rainer Rebscher

RALF BURNICKI
FRIEDEN IST WIE ...

ein Sonnenaufgang.
Die Landschaft
steigt durch die Mitte
der Sonnenscheibe

Wir Zaungäste
zurückgekehrt zum Anfang –

staunend
halten wir
Licht in der Hand

RALF BURNICKI
TEHERAN II

Wenn der Wind denken könnte,
würde er die Richtung wechseln
und den Regierenden den
Tag aus den Segeln nehmen
und den Menschen die Luft aushändigen,
ihnen den Rücken stärken
und die Hoffnung alarmieren
dass sie nicht schweigen muss
und auf die Straße gehen kann
wie sie will,
dass sie der Angst widersprechen kann
wann immer sie will
und nicht nachgeben muss
wenn ihr eine
Trostlosigkeit entgegenfällt

(Teheran, Iran)

Wenn dir der Tag auf offener Straße mit Windhupe und auf-
heulendem Morgen entgegenrast (samt seiner Überladung
Arbeitswelt & selbstklebenden Gewissheiten) und deine
Ausweichmanöver zum Glücklichsein zwischen Hochge-
schwindigkeitssätzen verenden. Wenn du wegen Unfallge-
fahr vor jeden Zweifel ein Warndreieck aufstellen musst.
Wenn sich die Zweifel häufen und die herbeigeeilten Horos-
kope nicht mehr wirken, dann ist es soweit oder noch weiter.
Wenn die Auswege sich zurückbilden & die Geduldsfäden
reißen, an denen der Alltag hängt, dann hat der Countdown
gestern begonnen.

Wenn die Worte nicht mehr schmecken, weil jede Verhei-
ßung kalt auf den Tisch kommt. Wenn die Hoffnungen nicht
mehr heimkehren vom Brötchen holen und die Zukunft nur
noch zur Häufchenbildung reicht (man sagt, sie habe eine
Überdosis Lieblosigkeit genommen). Wenn die Leichtig-
keiten ihren Auftritt verpassen. Wenn die Gegenwart nicht
mehr zu sprechen ist & keine Rezepte mehr ausgibt. Wenn
die wetterempfindliche Gewohnheit auf der Flucht ihren
wärmenden Anstrich verliert. Wenn Straßenkreuzungen
Kreuzverhöre sind und die Straßenzüge Scheuklappen aus
Beton.

Wenn jede Himmelsrichtung in Uniform heranwächst und
sämtliche Fragen – unsere nicht enden wollenden Flugver-
suche auf gefärbten Nachmittagsrückständen – mit harten
Nächten niederwirft. Wenn Sonderkommandos ausschwär-
men mit Fahndungsplakaten auf denen Sterne stehen und
andere Gemeinschaftsformen. Wenn Sonderkommissionen
frische Sätze ausheben wie einen Schmugglerring. Wenn

keine Freudentänzer mehr von Balkonen winken, weil der Sommer sich im Tränengas vergeigt. Wenn das Heute nur der Kniefall von gestern ist, dann werden die Straßen brennen. Dann krempelt die Freiheit ihre Ärmel hoch und ist überall unterwegs.

Dann gibt es Satzausschreitungen auf den Straßen, weil die Demonstrationen beginnen, und die Worte schlagen Wurzeln in der aufgebrochenen Zeit. Auf Marktplätzen finden Vollversammlungen der Gedanken statt, und die Begegnungen türmen Barrikaden auf aus abgeschlagenen Enttäuschungen und erfinden ein Bild, das Geigen, Nachmittage und Stadt-viertel zu Kollektiven vereinigt. Aus sämtlichen Himmelsrichtungen strömt alter Schmerz herbei, um sich in Ideen zu verwandeln und mit den Revolten zu verbünden. Und zwischen all den Geräuschen werden die Zentren der Antworten aufgelöst.

Aus Sprachausschweifungen und zusammengelegten Lichtstreifen entstehen Häuserwelten, in die die Hoffnungen einkehren und Freundschaften gründen, die sich gegenseitig eine bessere Welt ausgeben. Und während der Sommer kühle Solidarität ausschenkt, halten offene Fragen unter freiem Himmel spontane Zusammenkünfte ab, die jegliche Eile verweigern, denn die Antworten sollen zärtlich mit dem Morgen und Übermorgen umgehen. Und die Sätze lernen, Nachmittage zu fliegen. Und die Hände üben die Anfertigung von Nächten für eine Neueröffnung des Blicks. Und der Verstand schüttet sich lachend aus über die Vergangenheit.

Es geschieht und du bist dabei.

ARNO REIS
BLÜHENDE LANDSCHAFTEN

Raps wie weit das Auge sucht
gelb, geil, süß: Bienenweidenschwarm

Verlockung auf allen Feldern der Einheit in Zweiheit

Platten wie eng das Auge sucht
grau, brüchig, hallend: Häuserbürgergetto

Fluchten durch alle Städte der Einheit voll Zweiheit

Einheit in Zweiheit
Topographie der Endzeit im Nationalpark
                   voll Mecklenburger Seen
Sonnenrötung in der Schwärze des Himmels
                   in der Untiefe der Gewässer

Arbeitslos wie lang die Schlange sucht
Zweifel, Resignation, Irrtum: Wendeirrtümlichkeit

Enttäuschung in allen Hoffnungen der Wende zur Einheit

Wände ohne Ende so weit die Erwartung sucht
adieu mon amour vom Wendeherbst:
Tristesse in Schwarz in Rot in Gold

RUDOLF KRAUS
DU WEISST SCHON
für william carlos williams

sag was du willst
die araber
ich weiß schon
krummsäbel halbmond
heiliger krieg

hinter den prächtigen hotels
wo petflaschen
auf stoffresten und verrotteten
verpackungen
made in france
in der sonne glitzern
wachsen olivenzweige
aus dem sand
und hin und wieder
oleander
kakteen
palmen
und purpurne blümchen
die ich nicht kenne

es ist ein gutes land
sagen die einheimischen
ich glaube ihnen

von Überfremdung reden
während der wahre Schmerz
die Entfremdung
in den eigenen vier Wänden ist
in Räumen, angefüllt
mit unausgesprochenen Worten

warum nicht frei von Vorurteilen
über dich reden – und über mich
die Tracht an den Nagel hängen
den Traum als Türe sehen
endlich dauerhaft und ohne Reue
Jagd auf Menschlichkeit machen

warum den Horizont nicht erweitern
für fremde Kulturen
kein Nachgeplapper
von vollen Booten
von zerbrochenen Blumentöpfen
in verwüsteten Dörfern

warum das Ertrinken dulden
von tausenden Menschen
vor Küsten
an denen Zitronenbäume wachsen
vor einem Europa
noch immer nicht vereint

das Paradies lockt wie eh und je
die Wildnis weint
um Frieden und Ernährung
der Weltbevölkerung und Pandabären
um das Abschlachten der Wale
und der Elefanten

Die Geisterbahn erschreckt niemand mehr
heute
in einer Zeit, in der niemand mehr
vor etwas erschrickt
beschäftigt mit Bodymaßindex
dem Schicksalssohn und der Gallenblase

warum nicht Einhalt gebieten
der öden Landschaft
die am Küchentisch vorbeifliegt
den Kopf voller Gerümpel
warum erschrecken vor dem Hausierer
vor unserer Türe.

warum um Überzeugungen streiten
um den richtigen oder falschen Gott
während der ganze Tag
die Sonne vor sich hindämmert
am selben Himmel
dieselben Sterne in der Nacht

warum nicht sehen
dass genug da ist für alle
an Brot und Wasser und Himbeermarmelade
wenn nicht ein Teil der Menschheit meinen würde
sich von Champagner und Hummer und Honig
ernähren zu müssen

warum nicht öffnen
das Herz
die Meere und Arme
warum nicht endlich
dauerhaft und ohne Reue
Jagd auf Menschlichkeit machen

RABEA USLING
SPRACHE.

Als ich fünf Jahre alt war, zogen wir in ein fremdes Land. Das Land meiner Mutter.

Meine Mutter brachte mir die neue Sprache bei. Mein Vater die Betonung.

Dank ihm weiß ich, dass es Wörter gibt, die immer klingen müssen wie ein rauschender Wildbach: mein Name und die Namen meiner Schwestern. Ich weiß, dass ich „Liebe" immer sagen muss, als würde ich über eine Frühlingswiese reden, auf der ein sanfter Wind weht. Und ich weiß, dass es Wörter gibt, die klingen müssen, als würde ich dabei spucken („Nazi", „ungerecht") und solche, die ich mit einer solchen Verachtung sagen muss, dass sich die Wörter dabei grün färben: „Vorstand", „Bank" und „Kapitalismus".

DANIEL MYLOW
FLUSSPIRATEN

bunte segel bewegen die luft
wasser spiegelt das hohe licht
wenn wir gegen strom und wind
nach tunix
in die zukunft segeln

wir sind nicht länger diskursmasse
eurer selbsterhaltung
kapital eurer wachstumsreligion
wir rühren keinen beton mehr
für eure protestantische arbeitsethik
wir wollen nicht überzeugt werden
wir wollen verstehen

flusspiraten sind wir
geht mit uns
alles ist möglich
wenn wir unmögliches begehren
unsere gedanken unser handeln öffentlich machen
lass uns die segel hissen
und flusspiraten der wirklichkeit sein
unsere utopie
heißt notwendigkeit

Schwarze Drohnenverbände verdüstern
den westlichen Horizont. Sie haben die
globalisierten Sicherungsschranken ihrer
Hightechlabors im Autopilotmodus
durchbrochen und attackieren ihre
Erzeuger und Kontrolleure. Mit Laser
gesteuerten Prismaaugen beamen sie nano
verkapselte Mikrochips in die Hirne der
Menschen hinein. Diese mutieren zu Zombies
und dienen den Drohnen als Roboter-Fußvolk.
In endlosen schwarzen Kolonnen durchscannen
sie die Erde nach renitenten Terroristen.
Entweder sie polen die Abweichler um oder sie
pulverisieren die ganz rebellischen Exemplare
des Bösen zu Wüstenstaub. Nach der Bereinigung
erfolgt religiöse Gleichschaltung mit
Unterwerfung unter den Drohnengott.

RAINER REBSCHER
GENDER CYBER

nacht wars
star wars
krieg mars
contra venus
in den bars
hinterm mond
wo es ganz
gewaltig drohnt

STEFAN HÖLSCHER
WARUM DER FREMDE SO WICHTIG IST

warum es so wichtig ist
dass treffen wir uns auf der Straße
ich vorübergehe an dir
grußlos und starr ohne Blick

warum es so wichtig ist
dass wenn Schlimmes geschieht
ich ahne du hast deine Finger im Spiel
und willst mein Verderben

warum es so wichtig ist
dass egal was passiert
ich nicht lasse von dir
meine Gedanken sich wieder und wieder verfangen in dir
und ich dich hasse dafür und weil ich dich hasse

warum es ganz und gar nicht wichtig ist
welche Hautfarbe du hast
welchen Glauben oder welche Geschichte
ob du schwul bist oder Zigeuner
verrückt verkrüppelt oder nur alt

warum es nicht wichtig ist
wie du heißt
was du planst
oder tust

und warum es nicht wichtig ist
ob wir uns kennen
du mich anzulächeln versuchst
oder meinst wir könnten uns mögen

warum dies alles so ist
und warum gäb es dich nicht
ich dich finden müsste
oder erschaffen

dies alles möchte ich dir sagen
dieses geheiligte Spiel
dessen Opfer du bist
und wen darin du vertrittst

doch sieh
und versteh
ich bitt dich
auch mich

manche Dinge die kann man nicht sagen
weil sonst funktionieren sie nicht

OLIVÉR MEISER
LEERERIN . . .

Meine Frau ist
Leererin:

Jeden Tag
leert sie
den Müll
aus den Hirnen,
den Frust
aus den Seelen,
die Angst
aus den Herzen
der Kinderartigen
(nicht: artigen Kinder!)
und Jugend(ähn)lichen.

Sie rüttelt
und schüttelt.

Und heraus
kommen
außerdem
Kondome,
Pornohefte
Gewaltvideos,
Drogen,
Springmesser
und ganz,
ganz viel
Einsamkeit.

Neulich auf dem
Älterenabend
streikte meine Frau,
ballte die Faust,
sagte:
„Jetzt achtet
mal mehr auf
Müllvermeidung!
Ihr seid doch
sonst auch
immer alle
so für den
Umweltschutz!

Sonst kriegen
euere Kinder
in Zukunft
von mir den
Grünen Punkt!"

MICHAEL STARCKE
SEEMANNSGARN

noch ist nicht alles
gesagt, wie es in zukunft
weiter gehen soll,
brauchbare vorschläge,
versteckt in noch nicht
geöffneten testamenten.

noch ist nicht alles
gesagt über den umgang
mit bürgern und mitmenschen,
über luftorakel
und gekenterte boote
an den küsten europas.

noch ist nicht alles
gesagt, was missverständnis
und freundschaft verbindet,
an wen feuer und flamme
das wort richten werden.

niemand weiß,
was das nächstliegende papier
hinkritzeln wird als notiz
in der nacht, wenn sterne
bedeutend strahlen und sich von
der winderfahrung zerbröseltes
seemannsgarn entwirren lässt.

MICHAEL STARCKE
DER MORGEN HINTERM FENSTER

der morgen hinterm fenster
schaut hinaus auf sich selbst,
auf sein verblassendes rot.

er fragt sich,
wo die straße ausrollen wird,
die vorbei sprintet
wie ein läufer,
der langsamer wird?

er fragt sich,
was die häuser zusammenhält,
die nägel des nahbeeinander
bei jeder witterung
auf gedeih und verderb?

er erinnert sich
an feuerbrennende autoreifen,
barrikaden in kiew,
nicht vertraut mit
dem werfen von pflastersteinen.

er freut sich
auf schwarzen kaffee,
schaut hinaus auf sich selbst,
auf sein verblassendes rot,
das sich ergeben hat
wie das leben,
die lange geschichte des hoffens.

HORST LEIWIG
OHNE PROTEST

Auf dem Kammweg, beiderseits
des Tales. Noch nimmt uns
die Stimmung nicht mit.
Rechts Sand, links Kirchtürme.
Am Horizont fluten lange
Berghänge die stummen
Wolkenbahnen. Klar, es geht
immer weiter unter der sichtbaren
Lampe, lebendig versteckt hinter
stürzenden Wattekugeln.
Zeitweise der Blitz eines Gedankens.

Am Ende des Weges werden
wir Muskelkater haben.
Der Bus, auf den wir gesetzt
hatten, hat uns vergessen.
Nun haben wir von allem
zu viel, aber keine Musik.
Die ganze Gattung der Menschen geht
durch den drieselnden Regen und
einen immerwährenden Krieg.
Bis einer sich hinhockt
und zugibt: Niederlage!

Nichts wird sich ändern
wenn die Wolken bersten,
kein Hammerschlag Gerechtigkeit.
Darum schweigt auch das Sternenrund.

FRITZ DEPPERT
GLOBAL BETRACHTET

Wir haben umsonst die Haut zu Markt getragen,
auch Klagen erheben wir vergeblich:
Die Unterdrücker werden von überwältigenden
Mehrheiten des Volkes gewählt,
die Waffenverkäufer werden weltweit umworben,
die Ware wird ihnen aus den Händen gerissen,
je durchschlagkräftiger je lieber.
Fortschritte dauern nur Wimpernschläge lang.
Die vielbeschworene Freiheit des Wortes
wird vorsorglich eingeschränkt, wer
an ihr festhält, wird ermordet.
Was bleibt von unserer Empörung?
Statt des gemeinsamen kleinen Nenners
das private Glück zwischen Fenster und Haustür.

GERRIT PHIL ABEL

SCHROTTGOROD

Reiß mir den Kopf ab, ich kann's nicht mehr sehen:
Die S-Bahn, die Lichter, die Straßencafés.
Das kann alles weg hier, das staubt hier nur ein,
Das war eh nie besser als freundlich gemeint.
Klapp alles zusammen und stells vor die Tür:
Die Fotos, die Möbel, das Schifferklavier.
Das muss hier nicht bleiben, das nimmt doch nur Platz –
Willkommen am Ende des Anfangs, mein Schatz.
Das Leben ist ein schleichender Prozess,
Steht fest in deinem Grundstein eingeritzt.

Schlag mich bewusstlos, ich will's nicht mehr hören:
Die Lieder, die Leute, den Baustellenlärm.
Das macht nicht viel mehr als herumkorrodieren,
Die Weichen der Zeit stehen auf Transittransfer.
Wirf alles zusammen und steck es in Brand:
Die Küche, die Nachbarn, den Handyempfang.
Das bringt doch nicht weiter, das hält doch nur auf –
Da hilft auch kein Arschtritt, da wird nichts mehr draus.
Das Leben ist ein schleichender Prozess,
Ist alles was dir einfällt, kleines Nest.

Lösch all meine Daten, ich steck's nicht mehr weg:
Den Müll, die Sirenen, den Bürobaukomplex.
Wen soll das noch retten? Wem hilft das noch aus?
Du bist nur nicht begraben, weil keiner sich traut.
Weil keiner sich kümmert, was mit dir passiert:
Den Stadtparks, den Ampeln, dem Druckerpapier –
Das hat keine Zukunft, das hat kein System.
Farewell Schrottgorod – Zeit, den Hals umzudrehen.
Das Leben kann viel mehr sein, als es ist,
Sobald du mal kein Teil mehr darin bist.

154

RALF BREHM

Im Rahmen unserer ständigen Qualitätskontrollen
Sind wir in höchst verantwortungsvoller Weise
Zum Schutz unserer verehrten Kundschaft
Zur Überzeugung gelangt
für eine bestimmte Produktart
eine weltweite Rückrufaktion zu starten.

Wir stellten in unseren ausgiebigen Labortests fest,
Dass unter sehr speziellen Gegebenheiten
Und bei nicht ganz sachgemäßer Handhabung
im geringen Maße die Möglichkeit besteht
anderen Menschen durch den Einsatz
unserer hochwertigen Schusswaffen Schaden zu zufügen.

Wie wir erfreulicherweise vernahmen
Sind einige unserer geschätzten Kunden
Unserem Aufruf gefolgt und schon
Beziehungsweise wieder auf dem Weg zu uns.
Zeigen wir alle ihnen unsere Gastfreundschaft
und heißen sie von Herzen willkommen.

wie
den frieden
erklären
der
so oder so
nicht
zu kriegen
nicht
zu gewinnen
ist
längst
stiften ging
auf den man
pfeift

film- & fernseh-
programme
bezeugen
das
wider willen
oder
nicht?
stündlich
täglich
jahraus
jahrein
zum
auf
die
palme
bringen

konferenzen
fahnen
tauben
friedensboten
friedensengel

nichts
kommt an
gegen
kleinkrieg
gegen
eiskalte
zermürbung
in
zeiten
des
friedens

mauern
und
gräben
schützen
weder
noch
gegen
auf
kriegsfuß
stehende
feindbilder
in
uns
um uns

wer
bürgt
für
den
frieden
wenn
nicht
wir
bürger?

JULIA EICHBERGER
LASS UNS FLIEGEN

Hinter ewigem Gestein
halte ich deine Hand.
Sehnsucht versteckt sich
hinter streitigen Mauern.

Ich blicke in deine Heimat
und du blickst in die Meine.
Du nimmst meine Hand
und schenkst mir Flügel.

Im Hier und Jetzt
sind einzig wir beide.
Vergessen unsere Welten.
Vergessen deren Kämpfe.

Ich nehm dich mit.
Wir reisen in meine Welt.
Erschaffen durch
Hoffnungen und Wünsche.

Dort sind wir keine Fremden.
Dort sind wir keine Feinde.
Wir fliegen gemeinsam,
schweben schwerelos.

Ein lauter Knall,
er holt uns ein und
wir scheiden wieder,
wie so oft,
um zu überleben.

SAMIRA BEGMANN
IRGENDWANN

werden auch wir segeln
auf stillen Gewässern
und anlaufen
in die Häfen unserer Sehnsucht

und vorbeigehen an den Denkmälern
irgendwelcher Helden
aus vergangenen Zeiten
schon längst vergessen

und bewundern
eine ganz gewöhnliche Blume
und das Flüstern des verträumten Windes
und das Entzücken im Flug

und den Flug im Vogel
und die Ewigkeit im Wasser
verlangend, der Gewohnheit nach,
dass sie uns wiedergebärt

* Übersetzung aus dem Bosnischen: Samira Begmann

SAMIRA BEGMANN
TAL DER DÄMMERUNG

Ich warte auf die Rückkehr der Könige
in unser Tal,
das in Dunkelheit eingetaucht
und durch Unkraut verwildert ist.

Blaue Tränen sind vergossen
und mit rotem Blut vermischt,
purpurne Ströme haben getost
durch unser Tal.

Zerschlagene Brücken –
blosse Gerüste,
in die Schlucht gefallen,
trennen.

Ich warte, warte ...
auf die Könige,
die mit der Wahrheit bewaffnet
und mit Edelmut gerüstet sind,
die das Wort
als das einzige Schwert erheben
und das Herz in unser Tal
zurückbringen.

* Übersetzung aus dem Bosnischen: Samira Begmann

wer unterwegs ist, geht durch eine Tür hinaus
und in eine andere hinein
wer unterwegs, ist nicht mehr hier und noch nicht dort

wer unterwegs ist, hat sich frei gemacht
und lässt nicht alles zurück

wer unterwegs ist, sucht sein Glück woanders
unterwegs ist, wer Rast macht

unterwegs ist, wer gehen musste
wer unterwegs ist, kommt irgendwo an

bei mir, bei dir
Wehe uns, die wir das Tor nicht öffnen

RAFFAELE GATTA
PUNKT A: FREIER MANN

Freier Mann
Was wirst du wählen?
Hinter großen Horizonten
Hinter den Alten Barock Kirchen
Deine Vorfahren? Deine Träume ?
Deine Ambitionen
In internationalen Banken?

Freier Mann
Die Sonne trocknet
Wasserpfützen
Die sich mit Motorölen mischen von
Den Reisebussen voller Migranten
Auf großen Busparkplätzen
Grau, verbraucht

* Übersetzung aus dem Italienischen: Raffaele Gatta

Ihr Schreiberdichter und
Wortaggrobaten,
ihr Maler,
Bildhauerskulpturisten,
Schauspieler,
Kinemato- und Fotographen,
Televisonäre,
Musiker,
Tänzer,
Künstler,
Menschen,
die Ihr Euch jeden Tag müht,
die Ihr Euch krummlegt,
die Ihr einen einsamen Kampf
kämpft jede Stunde und Minute,
auch, wenn Ihr schlaft
noch schafft,
unermüdlich menschlich.
JETZT:
gegen die Macht des Enterns
die grauen Träger aller Bedenken,
gegen die Leerfeger,
die Umsonstpiraten,
die uns verraten,
die Gremien und Anstalten,
die uns verwalten
in Ausschüssen und Vereinen,
uns Leben für Leben verneinen,
die Bedingungen diktieren
und uns so schön allmählich erfrieren,
uns an ihre Tröpfe legen,

und immer weiter und wieder gegen
uns agieren, agitieren,
wir sollen an sie alles verlieren.
Endlich unendlich
das Kanu selbst zu steuern,
unsere eigenen Kessel befeuern,
die herrenlosen Paddel schwingen,
die Segel setzen,
lasst die Kanonen sprechen,
die Planken der Anstalten zerbrechen,
die Anstalten machen,
Sirenenlieder zu singen.
Schreibt nicht mehr,
nur für einen eurer Tage,
malt und spielt nicht mehr,
dreht nicht mehr in den ewig gleichen Kreisen
für die schon toten Gedankengreise,
produziert nichts mehr,
was sie dann verschenken,
damit sie verdienen,
was sie verdienen,
beginnt damit aufzuhören
zu denken.
Für Euch, uns alle ist es an der Zeit
seit vorgestern und seid bereit,
geht, als wäret Ihr geblieben
für einen neuen großen Frieden.

CHAPTER KRONFELD
XENOPHOBIE

Bürger, die sich's Maul zerreißen,
Meist von Haus aus Braunes scheißen,
Dumpfe Ethik dann verbreiten,
Mit der Nachbarschaft sich streiten,
Heben allzu oft den Finger,
Wähnen sich als Meisterringer,
Um zu zeigen, dass sie besser.
Liefern Fremde gern ans Messer.

Wenn ihr traut, euch gleich zu wehren,
Um zu zieh'n daraus manch' Lehren,
Wenn ihr werft mit Argumenten
Gegen diese insolventen,
Nationalen Dünnbrettbohrer,
Bleibt die Zukunft doch wie vorher.
Nur mit Respekt und Empathie
Wird Hoffnung dann Demokratie.

CLAUDIA KÖNIG
ABGERECHT

es ist UNGERECHT
es ist FÜRCHTERLICH
es ist GEMEIN
es ist HINTERHÄLTIG
es ist SCHAMLOS
es ist FIES
es ist WIDERWÄRTIG
es ist ABSTOSSEND
es ist UNFAIR
es ist ABARTIG
es ist NIEDERTRÄCHTIG
es ist HUNDSGEMEIN
es ist HÄSSLICH
es ist SCHÄBIG
es ist GROBSCHLÄCHTIG
es ist FÜRCHTERBAR
es ist UNGEHÄLTIG
es ist NIEDERLICH
es ist HUNDSTRÄCHTIG
es ist ABGERECHT
es ist FIESWÄRTIG
es ist SCHÄDLOS
es ist HINTERARTIG
es ist GEMEINGROB
es ist NIDERSTOSSEND
es ist UNTERLICH
es ist GROBGERECHT
es ist ABWÄRTIG
es ist ZUM KOTZEN!

BERNHARD WINTER
STATT IHRE KINDER

statt ihre kinder
herzwärts hauchend
zu beatmen

vermaßen sie sie
hirnwärts zerrend
zu beamten

Angeschmiedet an Felsen zur Nacht
pickt morgens der Wecker dir
dein verkrumpeltes Leberchen heraus

du verfluchst die täglichen Takte
flipperst dich mal eben durch
Angebote großspurig knautscht
halbherzig darauf herum
bevor du über angestaute Mobilitäten hinweg
auf Bordsteinkanten tippelst

irgendwann hatt´ ich Feuer denkst du
jetzt aber stoppeln verbrannte Späne an den Sohlen
doch Orte und Präpositionen
sind aus

gegangen am Kreisverkehr
gehangen im Kreisverkehr
gegangen um den Kreis verkehrt ach

da näht Papa Zeus schon
jene Tagbrüchigen ins sternerne Fries zu
rück.

DAS SPIEL DER ERWACHSENEN

Sie spielen Krieg,
sie spielen mit dem Vertrauen
von Menschen,
sie spielen und pokern
mit falschen Karten,
sie spielen anderen etwas vor,
sie spielen mit der Wahrheit,
sie spielen mit dem Feuer,
sie spielen den Starken,
den Mächtigen,
den Allwissenden, den Klugen,
sie spielen Schöpfer,
sie spielen mit der Gefahr,
sie spielen mit dem Leben,
sie ver- spielen ihre Chance.

Es ist Zeit, die Welt
mit den Augen eines Kindes
zu sehen.

GUDRUN KROPP
DAS SPIEL DER KINDER

Kind sein,
Höhlen bauen,
Verstecken spielen,
die Zeit vergessen,
Vertrauen haben,
Luftschlösser malen,
Träume leben,
Neues wagen,
nach Gott fragen,
einfach denken,
spontan sein,
Mitleid und
Gefühle zeigen,
an Wunder glauben,

Lebenskünstler sein

MANFRED PRICHA
NACHHALTIG ABBAUBAR

ich zerfalle schneller
als der atommüll
denn gänzlich nachhaltig
arbeiten die maden
während die halbwertszeit
immer zu spät kommt
mich in die einzelteile
abbaubar zu recyceln
außerdem bestehe ich nicht
aus seltenen erden
obwohl ich zum rohstoff
bestens geeignet bin
mehrheitlich aus wasser
trockne ich als endlager aus
das mich bis dato überlebt
wie das salz in der suppe

MICHEL ACKERMANN
GRENZEN

kann man schließen
auf allerlei unarten die auf einen

eher geringen artenreichtum schließen
lassen wie es wohl auch mit armut im allgemeinen

zu tun hat mit angst mit der innennot
nicht durch zu sehen

durch das dickicht die eitelkeiten der kränkungen
die fehlenden stäbchen der

rhodopsinzyklus
des mangels des bewusstseins darüber

was zum leben erwachsen
könnte wenn leuchtend neues kommen

dürfte ohne mitgebrachtes
im hinterland der vergangenheit zu hinterlassen

MATTHIAS HÜTTER
EIN FLOSS

zum beispiel
aus alten pet-flaschen

ruder brauchen wir nicht
kein segeltuch aus geld

dein profil weiß die stelle
an der wir ins wasser gehn

den blauen lebenslauf runter
bis ins schwarze meer

wo es kentert bauen wir
ein haus aus erfolg

tanzen die nächte als rote
tiden in den kieselstrand

der lauscht schäumt
bricht

uns bricht bricht
und ebbt

MATTHIAS HÜTTER
BRANDMAUER

viele welten wirft dein putz!
da – europa; halb hellas liegt als
schutt im schacht. hier – eingewachsen
im mittelmeer – die mauerklammer;
ob sie blind deine ziegelbrust durchstößt?
und dort oben, deinem kopf recht nah –
der schrei. – bist du's? die zwei zinnen
deiner krone; ob sie beide schlote bergen?
rauchen sah ich nur die eine. und der
schwarzfleck in deiner mitte – hieltst du ab
den überschlag? konntest du die dachhaut
retten? du aber selbst, in deiner wut –
flammen einst hieltst du noch stand;
doch wenn die fenster ihre kreuze auf
dich werfen und die sturmflut in nächten
die fetzen deiner haut abzieht, der
polarfrost deine wirbel sprengt und die
grundsee dir ein aschemal zeichnet aus
menschenstaub – was wirst du tun? um
deine ozeane zu bewahren, deine inseln,
deine kontinente? dein gesicht? um dein
mauern im hinterhof der fassaden zu
ertragen? was willst du tun?

SOHEYLA SADR
WINTERLICHT, FRÜHMORGENS

winterlicht, frühmorgens
wohl endlich angekommen
im damalsgrün, ausgehungert
es schläft silbergrau dunkel
wir sollten schlafen, ruhen
im tiefen beerenhölenlager
weise kräfte reifen lassen
sommerfarben erträumen
wieder naturlicht werden
wurzelnden herzen lauschen
still, aneinander geschmiegt
warum gibt es keine winter
im wirtschaftsablaufplan

4

VISION 2023

RAINER GELLERMANN

Wie wäre es, wenn wir am Hinterhaupt
verdeckt von Haaren einen Stecker hätten
mit USB-Anschluss, um sie zu retten,
die Menschheit ...

Elisabeth Drab

SIGRID LICHTENBERGER
DENKWEISEN

Vielleicht können wir
endlich
die alten Denkweisen
ablegen
von gut und böse
stark und schwach

vielleicht könnten wir
endlich
fragen was der andere
braucht
was ich habe

fragen was er hat
was mir fehlt

MANFRED MOLL
IN EINER ZEIT

in dieser zeit
ist keine zeit
ans fenster zu treten
zu sehen
da ist keine veränderung

obwohl
keine veränderung
wäre ja auch
eine veränderung

JANEK SCHOLZ

Im Grau der Städte
haben sie ihre Herzen betoniert.
Von Rastplatz zu Rastplatz,
von Bahnhof zu Bahnhof
rauscht das Leben an ihnen vorbei.
Sie haben verlernt den Mondschein zu atmen,
den Tau zu schmecken
und die Bäume zu hören,
die uns so viel zu erzählen haben.
Auf den Flughäfen des Lebens
herrscht emsigen Treiben.
Doch das Ziehen der Wolken
sieht man nicht,
wenn man über ihnen
der Welt entflieht.

ANGELIKA TONNER

Ins Herz gelegt
ein kleines Korn
kann lange schweigen
beizeiten dann
wächst aus dem Korn
ein Wort
wird zum Geleit im Leben
und Hoffnung nährt
dass aus dem Wort
ein Korn
sich auch in andere Herzen legt
und Friedensworte keimen

ANGELIKA TONNER
AUFERSTEHUNG

durch Verzicht
zur Freiheit
durch Loslassen
zur Angstlosigkeit
durch Einfachheit
zur Erfülltheit
durch Demut
zum Mut
durch Stille
zur Wahrnehmung
durch Verlangsamung
zur inneren Einkehr
durch Betrachtung
zur schöpferischen Kreativität
durch Hören
zum Verstehen
durch Sehen
zur Einsicht
durch Schweigen
zur Aufmerksamkeit
durch Zuwendung
zur Annahme
durch Helfen
zur Verbundenheit
durch Liebe
zum Frieden
Neues Leben
durch Auferstehung
Jetzt

HANNELORE FURCH
REISEZUG ZUR NEUEN ZEIT

Froh weht der Bahnhofswind,
Menschen am Ort,
Berge von Koffern sind
ebenfalls dort,

voll mit Vergangenheit
bis an den Rand,
dass auch in neuer Zeit
alles zur Hand.

Eingepackt alter Trug,
offen die Tüt',
dass er bereits im Zug
wiedererblüht.

Hell pfeift des Zuges Ton,
fröhlich und frei,
kaum ist er nah und schon
rauscht er vorbei.

Fliehendes Hinterlicht
grinst alle an.
„Dieser Zug will uns nicht",
wettert ein Mann.

THOMAS RACKWITZ
BIS DIE TAGE

kennst du ein land in dem noch kirschen blühn
kastanienschalen auf den wegen liegen
wo schnecken ohne eile vorwärtsziehn
und sich die dinge im geheimen fügen

kennst du ein land fernab der katastrophen
der radikalisierten weltmachtfantasien
und kennst du eins wem steht es offen
gibt es dort waffen oder auch benzin

kennst du ein land wo's was zu essen gibt
und nicht nur wüsten künstlich kühles grün
und bäume deren wipfel schon verglühn –

kennst du ein land das nie jemals getrübt
behalts für dich wenn dir was daran liegt

RAFFAELE GATTA
ALLES STEHT STILL

Wenn der Wind dich ruft
In den dunklen gemalten Straßen

Alles steht still

Die leeren Gehwege die vergessenen Häuser
Man sieht die Angestellten mit Ihren weißen Hemden
In den großen Schaufenstern
Der Hochhäuser der Stadt

Der Wind bewegt das Stück Papier
Etwas fliegt ...
Die Frauen
Erscheinen schöner
Mit ihren verwehten Haaren

Und man fragt sich
Wo man sie suchen kann
Diese neue Empathie
Diese neue Substanz von Liebe
Um diesen Wind anzuhalten
Diesen Wind
Der alles anhält

Auch die Gewissen!

* aus dem Italienischen übersetzt von Raffaele Gatta

FRANZISKA RÖCHTER
DEEP PLAY

vergebet den sünden
bock suche ich nicht
kultur nur aus streit
hähnen hennen revier
verhalten konflikt
gegner sehe ich nicht

sportlich macht wett
dichten ist parlament
arische demokratie ist
antik ist nicht fair
ness un dorma ist wett
bewerb dich bloß nicht

außer du magst modern
game cock ist cock
oder old english
bantham und cornish
pasty gibts auch mit
potatoes ihr großen
          galleros

RAINER GELLERMANN
VISION 2023[1]

Der Feuerfrühling ist vergangen,
der Aschensommer ist vorbei,
die Feuermeiler sind erloschen,
der Herbst zieht rostig durch das Land.

In hallenhohen Quadern wohnt die heiße Asche,
tscherenkowblau verpackt in kalten Stahl.
Sie wartet auf Gedankenbrecher mit Posaunen
aus einer Stadt der blinden Pokerspieler.

In Abluftfahnen schwebt die stille Fracht,
es zieht ein gelbes Wehen übers Land.
Die Kinder spielen laut. Die hellen Lider blinzeln.
Neutronen strahlen leis am morschen Zaun.

Die Pokerspieler zocken um die Zukunft.
Die ungesagten Worte modern muffig in den Sälen.
Doch angstgefiedert schwirren die Gedanken,
besorgt, das wacklig Kartenhaus könnt wanken.

Die Schwalben finden nicht nach Süden,
die Brücke in die Tiefe bleibt gesperrt.
Die Enkel ahnen nichts vom heißen Erbe:
es kommt ein ranzig Winter ohne Schnee.

---

[1] Anm. Autor: Im Jahr 2022 wird das letzte Kernkraftwerk in Deutschland abgeschaltet. Auf absehbar unabsehbare Zeit wird es keine Lösung für eine Endlagerung geben. Es wird bleiben ein ranzig Geschmack und ein Risiko in Hallen.

ELISABETH DRAB
RETTET WISSEN DIE WELT?

Wie wäre es, wenn wir am Hinterhaupt
verdeckt von Haaren einen Stecker hätten
mit USB-Anschluss, um sie zu retten,
die Menschheit, denn der Bildungsnotstand raubt

dem Weltgeschehen jede Perspektive
auf Frieden und gerecht verteilte Güter.
Ja, so ein Anschluss wäre ein Verhüter
von Wissensmangel, niemand mehr verschliefe

sein Leben in dem Tal der Ahnungslosen,
naiv und fremdbestimmt von all den Mächten,
die mittels Geld und Glauben Menschen lenken.

Gehirnauslastung gäb's in höchsten Dosen
als Fakteninput tags und auch in Nächten,
fehlt nur noch der Prozessor für das Denken.

TERESIA SCHMUCKER-ROTH
FRIEDENSVERHANDLUNGEN

Achtung! Die Zeitung verkündet
des Präsidenten Wort:
Wir haben Positionen
wenn es um Frieden geht
und kämpfen unbeweglich
für Flexibilität.

I
jeder wählt sich seine schaukel
und gottes finger schreibt dazu
liebe liebe deinen nächsten
liebe nah ist das schwert dir
nah deinem herzen das gift
seuche die sich einschreibt
eingräbt den bruch
setze dich auf deine schaukel
liebe dich liebe die nächsten
wechsle seiten schwebe
deinen nächsten liebe dich

II
jede wählt sich ihre schaukel
und gottes finger schreibt
liebe liebe deinen nächsten
was ist ein leben
einst geht an dir vorbei dein kind
geht um sein leben geht um andere
berühren wege sich
gehst du ins leben
aus begehren oder tradition
ziehts in die ferne dich
stehen fremde eines tags im ort
liebe deinen nächsten
und du wählst dir deine schaukel
schwingst hinauf segnest im fliegen
uns alle

DIRK-UWE BECKER
BERLIN-MOSKAU-VLADIVOSTOK

Blass markiert ein Schatten, wo
Einst die Mauer stand
Residieren heute Bürokraten
Lässig hinter Glasfassaden
Interessieren sich Besucher
Nur für Kaffeesahne mit der Bärenmarke

Mauersegler recken ihre
Orden geschmückte Brust
Steif in den Wind
Können nicht fliegen, weil
Am Himmel Falken kreisen
Und es wieder frostig wird

Vielleicht komme ich nächstes Jahr
Larissa, dich zu besuchen, wenn
Auf dem Amur das Eis bricht und
Die Taiga in einem Meer aus
Insomnia-Blumen versinkt
Vielleicht komme ich
Ostern, wenn der Frühling
Sich leise in den Winter stiehlt
Tigerduft über den Wiesen hängt
Ost und West sich nahe kommen
Kulturelle Brücken schlagen

PETER COON
**KINDGERECHTE AGENDA
FÜR DEN FRIEDEN**

Wer leben will
muss leben lassen
wer Frieden will
der darf nicht hassen
wer will, dass seine Kinder leben
sollte seinem Feind vergeben.

Wenn dann der Feind die Kinder meuchelt
wär' Liebe sicher nur geheuchelt
doch wer des Feindes Kinder killt
und so den Wunsch nach Rache stillt
wird der Familie nur vererben
dass auch die Kindeskinder sterben.

Es bleibt nur das Vergeben
das tapfere Bestreben
die Kinder zu lehren
die Feinde zu ehren
bis die Erkenntnis Raum gewinnt
dass selbst die Feinde Menschen sind.

Ich wohnte im Garten
Am Rande im Garten
Im Garten war Nacht:
Bäume, die ächzten
Sträucher, die klagten
Der Rhabarber – ein Schrei

Dies nahm ich als Zeichen
Als Warnung und Zeichen
Nicht weiter, nicht gehn

Doch gestern von ferne
Ganz leise von ferne
Von ferne wie Hauch:
Ich hörte Orangen
Orangen, die sangen
Ihr Ton flog mich an

Und mein Ohr wurde weit
Und mein Ohr wurde Schritt
Ich ließ es geschehn

Und ließ es geschehn

Wir sind für die Folter geboren
Auch Blumen machen das nicht vergessen
geschnitten und gebunden stehen sie in einer Vase
auf dem Esstisch
und verhöhnen mich mit ihrer Künstlichkeit
Gegen die Planmäßigkeit der anarchischen Natur
Für das Chaos der systematischen Ordnung
Ein dichtes Netz aus kommunikativen Leitungen
es umhüllt dich wie ein Kokon und du erstickst
während Andere sehen wie das Licht deiner
Netzwerkpräsenz verglüht

POSTMODERN

Die alten Knochen schummrig glimmender
Glücksspielautomaten
Die knarrenden Kiefer verblichener Werbeplakate
Die leeren Augenhöhlen verstaubter Displays
Der fossile Körper einer alten Welt

INGO CESARO
ÜBERLEGUNG

wenn bei uns jeder Politiker
der für einen Einsatz
im Kriegsgebiet stimmt

zwei Kinder
oder zwei
aus seinem engsten Familienkreis
dorthin
in den Krieg schicken müsste

bin ich mir sicher
es käme überhaupt nicht
zu solch einer Abstimmung
geschweige denn
zu solchen Überlegungen.

FRANZISKA RÖCHTER
WIR *Bühnentext, stark gekürzt

wir alle sind wesen von *einem* planeten
wir alle streben nach liebe und licht
einer hat leid und der andre moneten
dieser denkt klar doch der andre ist nicht

dicht / wir alle besteh'n aus ähnlichen zellen
die asche von toten flirrt uns im blut
wir sind alle umgeben von magnetischen wellen
aus dem mikrowave / für zerstörungswut

gut / wir alle atmen was jenen entströmte
recyclen bloß second hand bio müll
im hinblick auf nahrung sind wir nur verwöhnte
speckmaden / rohfleischklumpen / imbezill

(...)

wir alle sind wesen von *einem* planeten
wir alle streben nach liebe und licht
du trägst ein kleid doch die wand nicht mal tapeten
kleisterst die augen und siehst deshalb nicht

wie wir alle aus gleichem stoffe beschaffen
sind und keiner besser auf diese welt
kommt und wie's falsch ist dass wir denken die affen
sind *unter* uns / es sind schweine mit geld

was glaubst du wohin deine selt'nen bekannten
jede woche gehen / wer uns regiert
und dafür sorgt dass diese viel'n unbemannten
flieger durch türme gehen / manipuliert

ist jeder schachzug / glaubst du noch an spontanen
zufall? / gib acht! / du wirst eliminiert
aus dem weltengetriebe / die meisten ahnen
nicht im geringsten was ihnen passiert

und die meisten wollen auch gar nicht mehr wissen
aus welchem grund sagrotan fürs wc
nötig zu sein scheint / der schein eint / beschissen
ist schließlich die brille / und deshalb seh

ich über den rand in ein land voller wärme
dort streben alle nach liebe und licht
da gibt's nicht folter / herauszieh'n der gedärme /
vierteil'n oder auge raus geht da nicht

wir alle sind wesen von *einem* planeten
ursprung ne mischung aus gas und gestein
die strahlung die manche noch haben beim beten
dringt bis ins weltall in sterne hinein

wenn du jetzt bloß so'n andeutungsweises feeling
dafür hättest dass hier dinge geschehn
die bis dort oben alles ausradiern wie dein peeling
auf'er backe / du könntest wunder sehn

doch warum ist denn immer noch so ein hungern
wenn die betstrahl'n direkt nach oben zieln
warum müssen kinder auf müllplätzen lungern
oder jahrelang mit der x-box spieln

und warum soll der einzige sinn im leben
verbrauch sein / gebrauch sein / funktion / konsum
dieses unnützen mülls den andre mir geben
für den eintritt ins ird'ne elysium

wer sagt mir überhaupt dass ich mich nicht täusche
und nicht ein alien unter euch sitzt
ein humanoider android / geräusche
hör ich als wenn hier so'n cyborg flitzt

(...)

guckt mal ob *ihr* menschen von *diesem* planeten
seid / der erde beizutreten bereit
seid / für die herde zu beten nicht gleich leid seid
guckt mal ob *ihr* für das inkrafttreten
einer neuen carta fanfaren / trompeten
erschallen lasst und auch die posaunen
schaut ob eure betten statt stroh auch aus daunen
sind / seid wie ein kind / ihr werdet staunen

reibt euch schnell die augen / ihr müsst jetzt wach werden
nicht schwach werden / denn es naht eine zeit
da tragt ihr alle aus dem gleichen stoff ein kleid
darauf ist gemalt der himmel auf erden
das kann sex sein / latex / ein ritt auf pferden
das kann der hund rex sein / zuckerküsse
für paul kann's die flex sein / für trude pauls nüsse
doch *nie* schüsse und purpurne flüsse

niemals schüsse und purpurne flüsse!

* Text vollständig in: haben sie komfortstatus?, Wunderwaldverlag 2011

verhungert tausende tiere
geöffnete augen stieren ins nichts
gefüttert aber die schmelzenden stäbe
sie bluten ihr wasser ins meer
feed and bleed [2]
abgefüllt mit informationen
mit bildern berichten
mit halbwahrheiten
feldfrüchte faulen
feed and bleed
gefahr wuchs
doch das rettende nicht
und meine worte wachsen
wie dürre blätter
SOW THE SEEDS
FEED THE SEEDS[3]

---

[1] Den Boden bereiten, Samen säen

[2] *Feed and bleed* = Methode im Umgang mit geschmolzenen Kernstäben, die mit Wasser gekühlt werden (feed), während gleichzeitig kontaminiertes Wasser austritt (bleed, kühlen und austreten von Kühlwasser)

[3] hege die Samen

EDITORISCHE NOTIZ

Diese zweite Sammlung politischer Dichtung der Gegenwart knüpft an das Anliegen des Bandes I (Strohblumenstörung, chiliverlag 2015) an, Meinungen, Überzeugungen, Stimmungen zum aktuellen politischen Geschehen und zu gesellschaftlichen Realitäten der Gegenwart mit Blick auf Vergangenheit und Zukunft möglichst flächendeckend einzufangen. 86 namhafte und auch unbekanntere zeitgenössische Dichter aller Altersstufen aus Deutschland und Europa geben ihre engagierten poetischen und literarischen Statements zu gesellschaftlichen und politischen Zuständen, widmen sich in vier Kapiteln immer wieder dem Rückblick auf die jüngere deutsche Vergangenheit mit ihren traumatischen Folgen und Nachwehen, den Darstellungen kapitalistischer Arbeits- und Scheinwelten, der Durchleuchtung medialer Massenverdummung, gravierender Ungleichbehandlungen und Ungerechtigkeiten sowie im Ansatz dem Aufspüren lyrischer Visionen im Hinblick auf eine bessere Welt für alle. Mit einem Vorwort von Bernhard Winter.

BERNHARD WINTER arbeitet in einer Praxis bei München als Psychotherapeut. 9 Jahre war er Bürgermeister, 16 Jahre Mitglied eines Kreistags. 2015 erschien sein 3. Lyrikband „Im Garten war Nacht. Vierzig Schutzgedichte und ein gutes Wort für den armen Paul". Zu seiner Lyrik sagt er: „Ich schreibe Gedichte, um mit Farbtupfern das Grau zu erschrecken. Um Kürze gegen Weitschweifigkeit zu setzen, Neugier gegen Stillstand, Revolution gegen Unrecht".

FRANZISKA RÖCHTER ist Dichterin und Autorin in den Bereichen Lyrik, Prosa, Slam Poetry, Kulturjournalismus und betreibt den chiliverlag (www.chiliverlag.de), der engagiert bekannte und unbekannte Autoren verlegt und sich durch ein breites Spektrum interessanter Themen und Genres auszeichnet.

Diese Sammlung (Lyrik und Kurzprosa) soll in Band III mit größerem Schwerpunkt auf Möglichkeiten zur Konfliktlösung, Perspektivbildung, Zukunftsgestaltung sowie Utopien ihre Fortsetzung finden.

Franziska Röchter, im August 2015

AUTORINNEN UND AUTOREN

Abel, Gerrit Phil, *1990 in Kassel, lebt in Kassel, interessiert sich eigentlich mehr für Statistik als für Literatur. Wer hätte damit gerechnet?

Ackermann, Michel, *1964 in Krefeld, lebt seit 1997 als freischaffender Musiker, Pädagoge, Texter und Kleindarsteller in Berlin, wo die Mauer war.

Anderson, Daniel, *in Berlin, Studium an der HFF Babelsberg, danach Regisseur und Autor am Theater in Senftenberg; lebt als freier Autor und Regisseur (Film, Theater, TV) in Berlin und Tel Aviv.

Becker, Dirk-Uwe, *1954, Autor (Lyrik, Prosa, Krimi), Künstler (Grafik, Collage, Skulptur), Mitbegründer von Autorennetzwerken, Lesebühnen, Mitglied u.a. bei PEN Trieste, VS, HAV, DHG, FDA u.m.

Begman, Samira, *1954 in Bosnien, Herzegowina, lebt seit 1977 in der Schweiz. Schreibt Gedichte und Kurzprosa in Bosnisch wie auch in Deutsch. Drei Gedichtbände in Deutsch und vier in Bosnisch. Ihre Texte wurden in acht Weltsprachen übersetzt und publiziert.

Borell, Wolfgang J., *1947 in Kempten, lebt und schreibt heute in Freiburg. Studierte Indologie/Sanskrit in Tübingen/Heidelberg. Verfasser von Kindheits-, Jugend- und Afrika-Stories. Gedichtbeiträge in Anthologien.

Brehm, Ralf, *1968 in Kranenburg, wohnt wieder dort. Er schreibt vornehmlich Kurzgeschichten, Dramen und Gedichte auf der Suche nach Zusammenhängen.

Burnicki, Ralf, Politischer Lyriker („Anarcho-Poetry"). Promotion in politischer Philosophie. Mehrere literarische Auszeichnungen. Mitherausgeber des Literaturmagazins „Tentakel".

Cay, Eleni, *1985 in Martin, Slovakia, lebt in England. 'A butterfly's shivering in the digital age" wurde 2013 von Cakanka, Slovakia veröffentlicht, ihre englischen Gedichte in zahlreichen Anthologien.

Cesaro, Ingo, *1941 in Kronach, lebt dort, freier Schriftsteller, über 200 Einzelveröffentlichungen, Herausgeber, Handpressendrucker, Galerist, internationale Literaturprojekte.

ChapTer Kronfeld, *Mitte des vorigen Jahrhunderts, seit Ende der achtziger Jahre Künstler und Autor, betreibt seit 2011 einen privaten, nicht kommerziellen Lyrik-Blog.

Coon, Peter, *1967 in Hagen/Westfalen, lebt in Witten a.d. Ruhr, Autor von Erzählungen, Kurzgeschichten und Lyrik, Literaturpreise 2013 und 2014, www.petercoon.de

Daschek, Bernd, *1963 in Berlin, lebt und arbeitet dort, ist verheiratet und hat drei Kinder. Er schreibt Romane, Kurzgeschichten, Glossen und Essays.

Deppert Fritz, *1932 in Darmstadt, lebt in Darmstadt, mehrere Gedichtbände, zuletzt „Das Schweigen der Blätter", 2011.

Domann, Sven Armin, *1961 in Leipzig, lebt in Berlin und Güstrow, 1985 nach Studienverbot Arbeit als Autodidakt in Mecklenburg (Bildhauer/Maler), viele Ausstellungen, Preise, Stipendien, diverse Veröffentlichungen.

Drab, Elisabeth, *1964 in Osnabrück, lebt in Oldenburg. Veröffentlichungen: Sonettenkranz Windwechsel (Bremen 2011), Konkret verdreht im Alphabet (Oldenburg 2014).

Dragosits, Martin, *1965 in Wien, lebt und arbeitet dort, schreibt vorwiegend Lyrik. Zahlreiche Veröffentlichungen in Literaturzeitschriften und Anthologien; u.a. Mitglied des Österreichischen Schriftstellerverbandes.

Dreppec, Alex, *1968 in Jugenheim, Wilhelm-Busch-Preis 2004, Erfinder des Science Slam, unzählige Veröffentlichungen im In- und Ausland, mehrere Bücher, zuletzt ‚Glasaugenstern' im chiliverlag. www.dreppec.de

Düwel, Katharina, *1948 in Rostock, lebt seit 2009 in Leipzig. Arbeit im Kulturbereich der Stadt, postgraduales Studium Kulturwissenschaften. Mitglied der Gesellschaft für zeitgenössische Lyrik e.V.

Ebner, Martin, *1962 in Neuwied/Rh., lebt in Aachen, Lehrer, verschiedene Veröffentlichungen in Anthologien des chiliverlags.

Eichberger, Julia, *1987 in Stralsund, lebt in der Lausitz (Großräschen). Schreibt Lyrik – Alltagspoesie, gelernte Bankkauffrau.

Engelken, Christian, *1965 in Hannover, Studium der Germanistik, Musikwissenschaft und Philosophie in Göttingen und Hamburg. Verschiedene Buchpublikationen und Veröffentlichungen. www.christian-engelken.de

Fengler,Vinzenz, *1969 in Hoyerswerda, lebt in Berlin, schreibt Lyrik, Prosa und Stücke, Veröffentlichungen in Literaturzeitschriften und Anthologien.

Findeiß, Frank, *1971 geb. in Trier, lebt in Bonn. Studium der Philosophie (M.A.). Fachjournalist (FJS). Freier Schlagzeuglehrer. Derzeit Studium der Musikpädagogik.

Furch, Hannelore, Dr. phil., *1946 in Gifhorn, lebt in Rösrath, Germanistik-Studium und Promotion an der Universität zu Köln, hat fünf Bücher und viele Einzeltexte veröffentlicht.

Gatta, Raffaele, *1980 in Frosinone (Italien), lebt in München. Besuch der Kunstakademie in Florenz (Abschluss), Ausstellungen u.a. in Florenz, Rom, New York, eigene Buchpublikationen, Online-Zeitschriften, Übersetzungen.

Gellermann, Rainer G., *1951 in Salzwedel, lebt in der Region Braunschweig, sorgt sich um Strahlung und Strahlenmüll, fabriziert daraus Fachaufsätze und Sachlyrik.

Gonner, Bernd Marcel, *1966; Lyrik, Prosa, Theater; Hans-Bernhard-Schiff-Literaturpreis der Landeshauptstadt Saarbrücken 2013; Gewinner des 10. Literaare Schreibwettbewerbs 2014.

Gräfe, Stephan, *1990 in Leer, lebt in Gießen, studiert Literaturwissenschaft, Philosophie und Kunstpädagogik und ist als freier Künstler/Autor tätig.

Hader, Josef, *1962 in Linz, lebt in Oberösterreich. Schreibt komische Gedichte und Kurzprosa. Cousin des gleichnamigen Kabarettisten. www.josef-hader.at

Hoeltzenbein, Gabi, *1951 in Dorsten, lebt in Oldenburg. Veröffentlichung: „... und im Fallen werden sie frei sein" (Sujet Verlag Bremen 2013, 2. Auflage).

Hölscher, Stefan, *1965 in Hildesheim, stud. Philosoph, Literaturwissenschaftler, Psychologe, Managementberater, Trainer, Coach, Autor, Lyriker, Sprecher. www.lyrik-kontra-bass.de

Hütter, Matthias, *1985 in Bad Ischl, lebt in Wien, Veröffentlichungen in Literaturzeitschriften und Anthologien.

Kazmierczak, Maria, *1934 in Loslau (Schlesien), lebte dort bis 1983 als Lehrerin. Die Texte entstanden ab Jahr 2000 nach dem Tod des Ehemanns und sind ein Schrei nach einer Welt ohne Kriege und voller Frieden.

Kleimaier, Birgit, *1981, Studium Mittelalterliche Geschichte, Komparatistik, Klassische Archäologie, Magister, Redakteurin bei einem regionalen Fernsehsender in Baden-Württemberg und in der Freizeit Autorin.

Klöpping, Sven, *1979 in Herdecke/Westfalen, lebt in Sachsen, bislang ca. 180 Gedichte in verschiedenen Magazinen; eigene Bücher: Aufheller (Lyrik, 2013), Voices of Silence (bilingual, 2014).

König, Claudia. *1966 in Berlin, schreibt Gedichte und Prosa. Veröffentlichte „Böser Wald, guter Wald" über die Märchen der Brüder Grimm. Freie Lektorin in Berlin.

Kraus, Rudolf, *1961 in Wiener Neustadt (Niederösterreich). Lebt in Wien. Letztes Buch: tausend tode könnt' ich sterben. Wien, 2014. www.rudolfkraus.at

Kropp, Gudrun, *1955 in Heidenau/Nordd. Beruf: Schriftstellerin und Journalistin. Wohnt und arbeitet in Schongau/Obb.

Külow, Kathrin B., *1966 in Greifswald, lebt in Berlin, Studium der Geschichte und Judaistik in Leipzig und Berlin; Veröffentlichungen in Zeitschriften und Anthologien, u.a. Mitglied im BVjA.

Küls, Holger, *1963 in Schalksmühle, lebt in Verden.

Kurtz, Olaf, *1968 in Köln, lebt in Berlin; Veröffentlichungen in zahlreichen Literaturzeitschriften und Anthologien sowie Teilnahme an Lesungen und Preisträger verschiedener Literaturwettbewerbe.

Langenberg, Günter, *1952 in Hückeswagen, lebt in Tokyo, ist Freizeitpoet und Reimkünstler. Zahlreiche Publikationen, z.b. Gedichtband 'Duftender Sake', 2014 im chiliverlag

Leiwig, Horst, *1938 Bottrop, wohnt in Bielefeld. Schriftsetzer und Maschinensetzer. Danach Wechsel in den öffentlichen Dienst. Zahlreiche Veröffentlichungen, zuletzt 'Nachtschwarz, Himmelgrau', chiliverlag 2015.

Lichtenberger, Sigrid, *in Leipzig, seit 1953 Wahl-Bielefelderin, Verfasserin vielzähliger Lyrikbände, zuletzt das lyrisch-fotografische Stadtbuch 'Der Stadt Schönstes' zur 800-Jahr-Feier Bielefelds.

Lichtenberger-Eberling, Karin, *1952 in Bielefeld, Studium Mathematik und Politologie, schreibt Lyrik und Prosa, fotografiert. Mitglied der Gesellschaft für zeitgenössische Lyrik e.V.

Littau, Monika, *1955 in Dorsten, lebt in Bonn. Verfasserin von Lyrik, Prosa, dramatischen Texten und Kinderliteratur. www.Monika-Littau.de

Lübbers, Britta, *1960 in Meppen. Studium Germanistik und SoWi in Bonn und Oldenburg. Lebt und arbeitet als freie Journalistin und Autorin in Oldenburg.

Lütke, Norbert, *1952 in Beckum, lebt in Düsseldorf, Vorstandsmitglied „Kunst gegen Sucht e.V.", 2. Jury-Preis „Ennigerloher Dichtungsring 2014".

Masthoff, Eva, *in Kiel, lebte mehr als zwei Jahrzehnte in England, seit 1992 im Münsterland. Seit 1981 veröffentlicht sie in Deutsch und Englisch, seit 2011 Kurzgeschichten.

Meiser, Olivér, *1970 in Reutlingen, Studium Geowissenschaften und Biologie, Studienreiseleiter in Europa und Übersee, Veröffentlichungen in Tageszeitungen, Anthologien und im Rahmen von Wettbewerben.

Moll, Manfred, *1951 in Kassel, lebt und arbeitet in Berlin, „Quadrille, Sarabende oder Garotte" (Bläschke 1984), Veröffentlichungen in diversen Periodika und Anthologien.

Muhl, Iris, *1970 in Zürich, lebt in Zürich, Roman- und Bilderbuchautorin, schreibt seit kurzer Zeit auch Lyrik.

Mund, Pega, München, tätig im heilpädagogisch-therapeutischen Bereich, seit 2013 Beiträge in Zeitschriften, Anthologien, Blog: www.driftout.wordpress.com

Mylow, Daniel, *1964 in Stuttgart, lebt in Marburg. Lehrer für Deutsch, Philosophie, Theater, Poesiepädagoge, Dozent für Literatur. Zahlreiche Veröffentlichungen im In- u. Ausland, verschiedene Auszeichnungen.

Neugebauer, Jörg, *1949 in Braunschweig, lebt in Neu-Ulm. 2015 erschien der Gedichtband „jimi hendrix traf kafka und fragte ihn nach der uhrzeit", Udo Degener Verlag, Potsdam.

Niemela, Kathrin, *1973 in Regensburg, international unterwegs als Marketingleiterin, sprach- und weltverliebt, schreibt Lyrik und Prosa.

Paul, Karsten, *in Südbayern, lebt in Nordbayern, Studium der Psychologie, zahlreiche Fachpublikationen sowie verschiedene lyrische Veröffentlichungen.

Pricha, Manfred, *1954 in Altötting, lebt als Autor, wissenschaftlicher Dokumentar und Historiker in Bochum, schreibt Lyrik und Prosa, zahlreiche Veröffentlichungen in deutschsprachigen Literaturorganen.

Rackwitz, Thomas, *1981 in Halle/Saale, lebt in Blankenburg (Harz). Übersetzer, Lektor, Schriftsteller & Songwriter. 2014 erschien „an der schwelle zum harz" im mdv.

Rebscher, Rainer „Reno", *1949 in Darmstadt, verheiratet, zwei Söhne, Liedermacher und Autor, Duo Handstreych, CDs (Conträr Musik) und Lyrikbände (Poesie 21).

Reindl, Horst, *1939 in Karlshuld, Bayern, Diplomingenieur für Physik, Programmmanager Raumfahrt, davon drei Jahre in Toulouse, jetzt im Ruhestand in Karlsfeld, Bayern.

Reis, Arno, Dipl.-Volkswirt in Elmenhorst / Lichtenhagen, Betreiber der virtuellen DenkFabrik / ThinkTank, verschiedene Veröffentlichungen.

Röchter, Franziska, *in Niedersachsen, lebt in Verl, ist Poetin, Autorin, und seit 2011 Verlegerin. www.chiliverlag.de

Sachse, Ingritt, *1946 in Bremen, lebt in Bonn, ist Lyrikerin und Psychotherapeutin. Diverse Lesungen und zwei Buchveröffentlichungen (Lyrik) 2011 und 2012 im ATHENA Verlag.

Sadr, Soheyla, *1971 in Lich, lebt als freie Autorin und Illustratorin in Lübeck. www.soheylasadr.de

Schmucker-Roth, Theresia, *1971 in Mediasch / Rumänien, Krankenschwester, Sozialpädagogin, Lehrgang: autor werden – professionell schreiben, glückliche Demokratin.

Scholz, Janek, *1987 in Sonneberg / Thüringen, lebt in Aachen, lehrt und forscht an der RWTH und interessiert sich in Dichtung und Forschung für Zwischenräume aller Art.

Schwetz, Christian, *1962, lebt in Wien, Steuerberater und Autor. Schreibt und veröffentlicht Romane, Kurzprosa und Lyrik. http://christian.schwetz. schreibwelten.at

Seidl, Johann, *1960 in Amberg, Ausbildung bei den Regensburger Domspatzen, Pressesprecher der Forschungsanstalt für Wald und Forstwirtschaft in Freising-Weihenstephan.

Simon, Ina Maria, *1978 in Freudenberg, lebt in Frankfurt a. M., schreibt Miniaturen über Alltägliches und Erfundenes und kombiniert dies mit eigenen Zeichnungen oder Fotos.

Spitzley, Andreas, *1960 in Bonn, lebt in Goslar. Verheiratet, drei Kinder. Veröffentlichungen in Anthologien sowie ein Theaterstück gegen Mobbing und Antisemitismus.

Starcke, Michael, *1949 in Erfurt, lebt und arbeitet als Lyriker und Rezensent in Bochum. Zahlreiche Veröffentlichungen.

Stenzel, Tobias, *1975 in Menden / Sauerland, wohnt in Unna, müht sich mit einer Dissertation in Germanistik.

Stöbesand, Siegfried, lebt in Laatzen, Veröffentlichungen in verschiedenen Publikationsorganen.

Stückemann, Frank, *1962, seit 1991 Pfarrer in Meiningsen, exhumierte J. M. Schwager, übersetzte Cros, Corbière, Laforgue; zuletzt Ernest Dowson (2015, Heidelberg).

Swatoch, Mirko, *1963, lebt in BW, schreibt Lieder, Gedichte und Kurzgeschichten. Veröffentlichungen in Anthologien und Literaturzeitschriften. www.mirko-swatoch.de.vu

Terborg, Karin, *1982, lebt in Göttingen.

Tonner, Angelika, *1953 in Dietmannsried, lebt in Bad Wildungen. Kreativtherapeutin, freie Autorin und Malerin.

Travaglini-Konzett, Waltraud, *1964 in Münzkirchen/Oberösterreich, lebt / arbeitet in Dornbirn, Bereich Erneuerbare Energien, Klimaschutz, Mitglied in Literaturvereinen, schreibt Prosa und Lyrik, Veröffentlichungen in Anthologien.

Usling, Rabea Jasmin, *1994 in Bielefeld, lebt in Bielefeld und studiert Erziehungswissenschaften und Deutsch als Fremd- und Zweitsprache.

Vogel, Paul, *1940 in Königswalde/Schlesien, schreibt Lyrik und Prosa. Mitglied der Literaturgruppe „Pyrit". Zahlreiche Lesungen u.a. in OWL sowie Veröffentlichungen in Anthologien und Zeitschriften.

Weigand, Rodja, *1945 in München, Lyriker, lebt in Schwifting bei Landsberg/Lech. Zwischen 1976 und 2009 erschienen 9 Gedichtbände, 1978 Invandrarnas-Literaturpreis, Stockholm.

Wiedemann, Jörg, *1970 in Berlin, lebt dort, Sozialpädagoge, Veröffentlichungen in Internetzeitschriften, Endauswahl Wiener Werkstattpreis, Preisträger Gedichtwettbewerb „Monatsgedicht".

Winkler, Michael, *1975 in Karl-Marx-Stadt (Chemnitz), lebt in Dresden; Schwerpunkte: satirisch-politische und Alltagslyrik, Songtexte, Stricken, Kartographie.

Winter, Bernhard arbeitet als Psychotherapeut, viele Jahre hat er sich kommunalpolitisch engagiert. 2015 erschien sein 3. Lyrikband „Im Garten war Nacht. Vierzig Schutzgedichte und ein gutes Wort für den armen Paul". www.winternetz.net

Zeizinger, Barbara, *1949 in Weinheim. Sie lebt in Darmstadt, schreibt Lyrik, Prosa und Reiseberichte. Letzte Veröffentlichung: „Am weißen Kanal", Roman, Pop Verlag, Ludwigsburg, 2013.

Strohblumenstörung – Politische Dichtung der Gegenwart I
Hrsg. Franziska Röchter, Vorwort: Ralf Burnicki
chiliverlag 2015, ISBN 978-3-943292-24-4
336 Seiten, EUR 12,-

240 Texte von 110 Autoren, darunter namhafte und bekannte Dichter, Autoren und Kulturschaffende wie Fritz Deppert, Jörg Neugebauer, Anton G. Leitner, Michael Starcke, Monika Littau, Thomas Rackwitz, Sigrid Lichtenberger, Alex Dreppec, Marko Ferst, Manfred H. Freude, Ralf Burnicki u.v.m. geben sich ein politisch-poetisches Stelldichein. Die jüngste Autorin war bei ihrer Einreichung 16 Jahre.

Jetzt anders! **Ein Lesebuch voller Vielfalt und für Toleranz**
Hrsg. Franziska Röchter, Cover-/Fotos: Jacqueline Nolting
chiliverlag 2014, ISBN 978-394-3-292-15-2
188 Seiten, EUR 12,90

Von Alkoholismus, Autismus und Ausgrenzung, BIID, Depression, Fetischismus, Inklusion, Psychose, Schizophrenie bis hin zu Homo- und Transsexualität und Zwangsstörungen reichen die „besonderen" Erscheinungsformen menschlicher Existenz, mit denen sich 35 Autorinnen und Autoren literarisch auseinandersetzen. Unter Ihnen Schriftsteller wie Alex Dreppec, Gerald Jatzek, Andreas Koch u.v.m. Mit Fotos von Jacqueline Nolting und einem Essay über die „Normalitätslüge" von Josef Hader. Mit einer Satire zum Thema Frauenfußball von der bekannten Erst-Bundesliga-Stürmerin Romina Burgheim.